U0520952

# 应酬高手

## 中国式应酬实用宝典

连山 著

天津出版传媒集团
天津科学技术出版社

### 图书在版编目（CIP）数据

应酬高手 / 连山著 . -- 天津：天津科学技术出版社，2023.9（2023.10 重印）

ISBN 978-7-5742-1533-7

Ⅰ.①应… Ⅱ.①连… Ⅲ.①人际关系 – 通俗读物 Ⅳ.① C912.11-49

中国国家版本馆 CIP 数据核字（2023）159265 号

---

应酬高手
YINGCHOU GAOSHOU

| | |
|---|---|
| 策划编辑： | 杨　譞 |
| 责任编辑： | 马　悦 |
| 责任印制： | 兰　毅 |
| 出　　版： | 天津出版传媒集团<br>天津科学技术出版社 |
| 地　　址： | 天津市西康路 35 号 |
| 邮　　编： | 300051 |
| 电　　话： | （022）23332490 |
| 网　　址： | www.tjkjcbs.com.cn |
| 发　　行： | 新华书店经销 |
| 印　　刷： | 永清县晔盛亚胶印有限公司 |

---

开本 880×1230　1/32　印张 6　字数 160 000
2023 年 10 月第 1 版第 2 次印刷
定价：38.00 元

# 前言

## 一

人们常说：智商不用太高，能学会东西就行，能力不用太强，能干好事情就行，但应酬的本事绝不能差。正如励志大师卡耐基所说："一个人成功的因素，归纳起来，15%得益于他的专业知识，85%则得益于其良好的社交能力。"会应酬，大困难也会迎刃而解；不会应酬，小问题也会让你焦头烂额。在中国，应酬有其独特的文化特征，是一门深奥的学问，微妙而复杂，关涉心理、文化、传统、风俗、民情、禁忌等，要靠用心细细揣摩，更要靠平日不断积累和训练。一个应付老练、酬对自如者，必定懂得中国式应酬的特征，熟谙并灵活运用中国式应酬的通变智慧。

应酬中有规则，有方法，有技巧，需要讲策略，讲变通。一个真正的应酬高手，应该掌握应酬的艺术，将应酬做得恰如其分，滴水不漏。如同自然界的优胜劣汰法则，不懂应酬的规则、方法和技巧，必将被淘汰出局。应酬中，有些规则是显性的，明明白白，清清楚楚，人人都可以看得见，照着做就可以；也有些规则并没有明文规定，没有人说出来，但若不去遵守，必定会吃亏，就如同海底的暗礁，不知者容易触礁遇险，甚至船毁人亡，功亏一篑，这方面尤其要注意。

掌握应酬的规则、方法与技巧，是搞好人际关系的关键。懂得与客户应酬，自然能够源源不断地获得订单；懂得与上级应酬，能够轻松获得上级的赏识和支持，不仅开展工作顺利，更容易获得晋升机会；懂得与同事应酬，自然能够广泛借力，至少不会给自己的工作带来外在的障碍。生活之中，人情往来，求人帮助办事情，也用得上应酬功夫。应酬到位，不仅能广建人脉，维系好各种人际关系，办事也能达到事半功倍的效果。反之，必将导致事事难成。

本书将揭示应酬高手高情商应酬的核心秘诀，为你呈现应酬高手所深谙的应酬规则、所拥有的比普通人更高超的应酬必杀技，帮你打破平庸的应酬模式，停止无效应酬，让你在职场、处世、情感、商谈、演讲等各种场景中游刃有余，轻松斩获应酬战果。书中汇集大量生动事例，结合不同场景，对应酬中的各种问题和关键点进行介绍，精辟透彻地分析其中的得失，让读者快速精通交际应酬中的高超技巧，灵活机智地应对各种社交活动，在建立良好人际关系的同时，抓住机遇，成就事业。

# 目录 一

## 第一章 / 天下没有陌生人，一见面就让人喜欢你

第一印象塑造好，便可在对方心中建立深刻印象 ……… 2
巧说第一句话，陌生人也能一见如故 ……… 4
熟记名字，更容易抓住他的心 ……… 7
别出心裁称赞他人，增进彼此好感 ……… 9
幽默，让对方更加向你靠近 ……… 11
表达你的好感，让对方也有好感 ……… 14
微笑，赢得他人好感的法宝 ……… 15
适当的打扮是对人的尊重 ……… 18
让别人从你的眼神里读出真诚 ……… 21

## 第二章 / 好好接话聪明回话，会表达不尴尬

危急关头，不妨转换话题 ……… 26
非常场景，机敏应答 ……… 27
自嘲解围，娱人娱己 ……… 30

避重就轻绕着说 ................................................. 32

就地取材，依据话语情境解尴尬 ................. 35

针锋相对，变被动为主动 ............................. 36

不要说别人是错的 ......................................... 38

不得已，可以说几句善意的谎言 ................. 40

## 第三章 / 把握做人的分寸感，别让直性子害了你

有想法是好，但不要鲁莽行事 ..................... 44

口无遮拦，不是实在是无知 ......................... 48

脾气很直，爱人也受不了 ............................. 51

随心所欲，就会到处碰壁 ............................. 54

锋芒毕露，可不是什么好事 ......................... 58

太偏执，你的眼前只能一片漆黑 ................. 62

要想活得滋润，得理也要让三分 ................. 65

交情浅，就不要言过深 ................................. 68

"巧舌如簧"不如"沉默寡言" ..................... 72

## 第四章／学会说"不"的艺术,拒绝也不伤感情

找个人替你说"不",不伤大家感情 ..................78
你的托词不能损害对方的利益 ..................79
拒绝要真诚,不能让人感觉你敷衍了事 ..................82
助你驰骋商场的实用托词 ..................90
先发制人,堵住对方的嘴 ..................93
把话题引导到不着边际的地方 ..................94
绕个弯再拒绝 ..................96

## 第五章／饭局做得优雅大方,事情办得成功漂亮

"无功不受禄",请客要找好理由 ..................100
宴请看场合,吃饭分档次 ..................102
座次安排,尊卑有序 ..................103
你在细品食物,别人在细品你 ..................105
菜点对了,打开对方心扉并不难 ..................107
你的酒杯不要高于领导之上 ..................109

## 第六章 / 先做朋友后做销售，生意细水长流

对于表情冷淡的顾客，要用真情去感化 ...... 112
对态度不好的顾客采取迂回战术 ...... 114
强调基本属性，成功化解顾客的刁难 ...... 116
用"垫子"法解答顾客挑衅性追问 ...... 118
低三下四并不能使顾客对你产生好感 ...... 122
不懂换位思考，死缠烂打只会令人厌烦 ...... 124
先让客户体验，然后再谈销售 ...... 126
给客户安全感，让客户没有后顾之忧 ...... 131

## 第七章 / 人际高手就是让人舒服，圆融的人自有福

不损他人尊严，才能收获尊重 ...... 136
妥协不是怯懦，是一种智慧 ...... 140
"善听者"，能成大事 ...... 143
要想办成事，应酬少不了 ...... 147
做人不能奸诈，但可"世故"一点 ...... 150
勇于认错 ...... 153

## 第八章／停止无效社交，应酬有质量关系有能量

社交不在多，有效则灵……………………………………158
有些人带来机遇，有些人则会让你陷入僵局………………160
给你的社交把把脉，区分"损友"和"益友"………………163
像打理衣柜一样，做好社交清理工作………………………166
你的社交中是否有这样的朋友………………………………168
拒绝无谓的交际应酬，远离"社交强迫症"………………171
患难见真情，困难时哪些人会真心帮你……………………175

# 第一章

## 天下没有陌生人，一见面就让人喜欢你

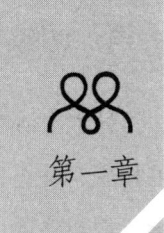

## 第一印象塑造好，便可在对方心中建立深刻印象

日常生活中，我们都有过这样的体验，初次与人见面时，对方的相貌、举止、言谈、风度等某些方面会迅速地映在你的脑海中，形成最初感觉，即第一印象。第一印象主要源于人的直觉观察，根据直觉观察到的信息加以综合评判，然后以某种形式固定下来。

卡耐基认为，在社交活动中，第一印象很重要。它是在没有任何成见的基础上，完全凭着你的"自我表现"来判断的，因而第一印象直观、鲜明、强烈而又牢固。如果你的相貌俊美，举止端庄大方，言语机智，谈吐风趣幽默，风度翩翩，谦虚而不自卑，自信而不固执，倔强而不狂妄，你就会给人留下美好而难忘的印象。

当然，人无完人，所有的优点和美德不可能都集中在一个人身上，但你若具有其中某一方面或某一方面的某一点，再扬长避短，将其发扬光大，也同样可以获得最佳效果。

第一印象的好坏，决定着社交活动能否继续下去。第一印象好，

人家就愿意和你进一步来往，通过一段时间的了解，人家觉得你的确不错，你们的关系就会顺畅发展。如果对方是你的客户，你在事业上就多了一个合作伙伴；如果对方是你的同事，你在工作中就多了一个支持者；如果对方是你的邻居，你在生活里就多了一个朋友。第一印象不好，你与人家的交往便不得不就此止步了，因为人家不想再见到你。纵然你有多么好的动机，多么宏伟的蓝图构想，也只能化成泡影了。

第一印象直接影响着对一个人的评价。一个人的言谈举止，是构成人们对他直接评价的主要因素。许多人在初次交往时，很快就被对方所接受，或奉为事业的楷模，或尊为学业上的恩师，或敬为思想上的领袖，或求为人生的伴侣。

第一印象的烙印是非常深刻的，很长时间都不容易被改变。在许多回忆录中，我们常常可以读到这样一段话："他还是老样子，像我第一次见到他的时候……"多少年以后，历史的变化更加之岁月的沧桑，一个人怎么会没有变化呢？但在作者眼里，对方还是他初次见到的模样。事实上不是对方依然如故，而是作者脑中的第一印象太深刻了，没有随着时间的流逝而改变。

中国老百姓中流传着这样一句话："到了新环境，头三脚踢开，以后就容易了。"与人交往也是同样的道理，在他人心中的第一印象塑造好了，日后才容易春风得意。

## 巧说第一句话，陌生人也能一见如故

假如在一个严冬的夜晚，与一位现在很陌生、但希望将来能成为朋友的人见面，你想说些什么作为初次见面的开场白呢？

大多数人都认为从谈天气切入最好，如"今晚好冷啊"。可是，单纯地使用它，虽然能引出彼此的一些话来，但这些话往往对你们彼此无关紧要，于是，再深一步地交谈也就出现困难了。不过，如果你这样说："哦，今晚好冷！像我这种在南方长大的人，尽管在这里住了几年，但对这种天气还是难以适应。"相信，对方若也是在南方长大的，就会引起共鸣，接着你的话头说出一些有关的事；对方若是在北方长大的，他也会因为你在寒暄中提到了自己的故乡在南方，而对你的一些情况产生兴趣，有了想要进一步了解你的欲望，从而可让你们的交往深入。

要知道，人都是独立的个体，都具有思维能力，与陌生人打交道时，你与对方都会存有一定的戒心，这也是初次交往的一种障碍。而初次交往的成败，关键就要看你们如何冲破这道障碍。如果你用第一句话吸引对方，或是讲对方比较了解的事，那么，第一次谈话就不仅仅是形式上的客套了。如果运用得巧妙，双方会因此打成一片，变得容易接近。

实际交往过程中，有的人采用一种很自然的、叙述型的谈话开头，也能给人一种亲切感，同时还能让人想继续向他询问一些细节。

在一个街道的计划生育办公室，一名记者正在了解此地青年男女早婚早育的情况。那位主管此事的女干部没有像他想象的那样给他列举一堆的数字，而是很自然地给他讲了个故事。

"今年的元月26日那天，这个街区某校的一名15岁的高中少女，初次见到本区的一个体户青年，这个青年也不过20岁出头，刚刚到法定的结婚年龄。元月29日，也就是距他们相识不过3天的时间。他们就双双到当地婚姻登记机构要求登记结婚，那少女发誓说她已工作，父母远在边疆，因此无须取得父母的同意。婚姻登记机构当然不相信，一定要她出示户口本以验证她的实际年龄，但他们却不知从哪里找来一名治安人员，硬是替他们作了证，领取了结婚证书。就这样新郎为新娘租了一家旅馆，两人在那里住了3个月有余，少女的母亲发现已为时过晚，因为少女已经怀孕，而新郎却在此后突然不知去向，并到现在为止，一直再没出现过。"

听完故事后，记者非常喜欢这段自然的开头，因为那名女干部说出具体的时间，令人预感将要有一段回忆或暗示一件有趣的事情要发生。令人产生渴望了解细节的欲望，既为其采访提供了很好的素材，同时也从侧面揭示出早婚早育的后果。

总结来说，说第一句话的原则就是亲热、贴心、消除陌生感。常见方式主要有三种：

1. 问候式

"您好"是向对方问候致意的常用语。如能因对象、时间的不同而使用不同的问候语，效果则更好。对德高望重的长者，宜说"您老人家好"，以示敬意；对年龄跟自己相仿者，称"老×（姓），您好",显得亲切;对方是医生、教师,说"李医师,您好""王老师,您好",有尊重意味。节日期间,说"节日好""新年好",给人以祝贺之感;早晨说"您早""早上好"则比"您好"更得体。

2. 攀认式

赤壁之战中,鲁肃见诸葛亮的第一句话是:"我,子瑜友也。"子瑜,就是诸葛亮的哥哥诸葛瑾,他是鲁肃的挚友。短短的一句话就定下了鲁肃跟诸葛亮之间的交情。其实,任何两个人,只要彼此留意,就不难发现双方有着这样或那样的"亲""友"关系。

例如,"你是××大学毕业生,我曾在××进修过两年。说起来,我们还是校友呢!""您来自苏州,我出生在无锡,两地近在咫尺,今天能遇到同乡,令人欣慰!"

3. 敬慕式

对初次见面者表示敬重、仰慕,这是热情有礼的表现。用这种方式必须注意:要掌握分寸,恰到好处,不能胡乱吹捧,不说"久闻大名,如雷贯耳"之类的过头话。表示敬慕的内容也应该因时因地而异。

例如,"您的大作《教你能说会道》我读过很多遍,受益匪浅。想不到今天竟能在这里一睹作者风采!""桂林山水甲天下。我很高兴能在这美丽的地方见到您这位著名的山水画家。"

不过,说好了第一句话,仅仅是良好的开端。要想谈得有味,谈得投机,你还得在谈话的过程中寻找新的共同感兴趣的话题,这样才能吸引对方,使谈话顺利地进行下去。

## 熟记名字，更容易抓住他的心

人们在日常应酬中，如果一个并不熟悉的人能叫出自己的姓名，就会产生一种亲切感和知己感；相反，如果见了几次面，对方还是叫不出你的名字，便会产生一种疏远感、陌生感，增加双方的心理隔阂。一位心理学家曾说："在人们的心目中，唯有自己的姓名是最美好、最动听的东西。"许多事实也已经证实，在公关活动中，广记人名，有助于公关活动的展开，并助其成功。

美国的前总统罗斯福在一次宴会上，看见席间坐着许多不认识的人，他找到一个熟悉的记者，从记者那里一一打听清楚了那些人的姓名和基本情况，然后主动和他们接近，叫出他们的名字。当那些人知道这位平易近人、了解自己的人竟是著名政治家罗斯福时，大为感动。以后，这些人都成了罗斯福竞选总统的支持者。

记住对方的名字，最好时而高呼出声，这不仅是起码的一种礼貌，更是交际场上值得推行的一个妙招。你想一想，对于轻易记住你的名字的人，我们怎不顿觉亲切，仿佛双方是老友相逢，这时，他来求我们什么事情，我们怎好不竭尽全力予以优先惠顾呢？

在交际场上，如果第一次见面时你留给一位姑娘一个良好的印象，可是第二次见面时，你却嗯嗯啊啊地叫不出她的名字来，这位姑娘心里会不舒服，认为自己如此不具分量，也许她会记恨你一辈子的。那么，即使原来想好好谈谈，或谈生意，或谈人情，这一下全变得兴味索然了。叫不出对方的名字，谈下去就没戏了，因此你或许断了一方财路,或许使一段姻缘夭折。

在对方面前,你一张口就高呼出他的名字,会让对方为之一振,对你顿生景仰之意。就是原本不利的情势,也往往会因为你的这一高呼而顿时"化险为夷"。

一位著名作家说:"记住人家的名字,而且很轻易地叫出来,等于给别人一个巧妙而有效的赞美。因为我很早就发现,人们把自己的姓名看得惊人的重要。"

对自己的名字是如此重视。不少人不惜任何代价让自己的名字永垂不朽。且看两百年前,一些有钱人把钱送给作家们,请他们给自己著书立传,使自己的名字留传后世。不言而喻,一个人对他自己的名字比对世界上所有的名字加起来还要感兴趣。

卡内基也是认识了这一点才成为钢铁大王的。小时候,他曾经抓到一窝小兔子,但是没有东西喂它们。他就想出了一个绝妙的主意。他对周围的孩子们说:"你们谁能给兔子弄点吃的来,我就以你们的名字给小兔子命名。"这个方法太灵验了,卡内基一直忘不了。当卡内基为了卧车生意和乔治·普尔门竞争的时候,他又想起了这个故事。

当时,卡内基的中央交通公司正跟普尔门的公司争夺联合太平洋铁路公司的卧车生意。双方互不相让,大杀其价,使得卧车生意毫无利润可言。后来,卡内基和普尔门都到纽约去拜访联合太平洋铁路公司的董事会。有一天晚上,他们在一家饭店碰头了。卡内基说:"晚安,普尔门先生,我们别争了,再争下去岂不是出自己的洋相吗?"

"这话怎么讲？"普尔门问。

于是卡内基把自己早已考虑好的决定告诉他——把他们两家公司合并起来。他把合作，而不是竞争的好处说得天花乱坠。普尔门注意地倾听着，但是他没有完全接受。最后他问："这个新公司叫什么呢？"

卡内基毫不犹豫地说："当然叫普尔门皇宫卧车公司。"

普尔门的眼睛一亮，马上说："请到我的房间来，我们讨论一下。"这次讨论翻开了一页新的工业史。

如果你不重视别人的名字，又有谁来重视你的名字呢？如果有一天你把人们的名字全忘掉了，那么，你也很快就会被人们遗忘。

记住别人的名字。对他人来说，这是所有语言中最甜蜜、最重要的声音。

如果你想让人羡慕，请不要忘记这条准则："请记住别人的名字，名字对他来说，是全部词汇中最好的词。"

熟记他人的名字吧，这会给你带来好运！

## 别出心裁称赞他人，增进彼此好感

与人交流的过程中，尤其是有些陌生的人，适时称赞对方没被其他人赞美过的地方，不仅能让对方感到高兴，激发他的交谈积极性，而且更容易打开对方心扉，拉近彼此的好感，甚至使他变为你的挚友。

法国前总统戴高乐1960年访问美国时，在一次尼克松为他举办的宴会上，尼克松夫人费了很大的劲布置了一个美观的鲜花展台：在一张马蹄形的桌子中央，鲜艳夺目的热带鲜花衬托着一个精致的喷泉。精明的戴高乐将军一眼就看出这是女主人为了欢迎他而精心设计制作的，不禁脱口称赞道："女主人为举办一次正式宴会要花很多时间来进行这么漂亮、雅致的计划和布置。"尼克松夫人听了，十分高兴。事后，她说："大多数来访的大人物要么不加注意，要么不屑为此向女主人道谢，而他总是想到和讲到别人。"在以后的岁月中，不论两国之间发生什么事，尼克松夫人始终对戴高乐将军保持着非常好的印象。

别人都没注意到的地方，戴高乐却注意到了，并直截了当地将他的欣赏表达出来，这怎能不让尼克松夫人高兴呢？因此，我们在对陌生人加以赞美时，如果能悉心挖掘那种鲜为人赞的地方，对方会非常开心，陌生人很快就会变成挚友。这一点，你完全可以向一位聪明的女人讨教，她就是因为拍了《真善美》而红遍天下的影星茱莉·安德鲁丝，她除了演技好、容貌美、歌声令人陶醉之外，还有一张伶俐的嘴。

有一天，茱莉·安德鲁丝去聆听鼎鼎大名的指挥家托斯卡尼尼的音乐会，在音乐会结束之后，她和一些政要名流一起来到后台，向大指挥家恭贺演出的成功。

大家都夸奖指挥家："指挥得实在是棒极了！"

"抓住了名曲的神韵！"

"超水准的演出！"

大指挥家——答谢，由于疲累，而且这种话实在是听得太多了，所以脸上显出有些敷衍的表情。忽然，他听到一个高雅温柔的声音对他说："你真帅！"

抬头一看，是茱莉·安德鲁丝。

大指挥家眼睛亮了起来，精神抖擞地向这位美丽的女士道谢。

事后，托斯卡尼尼高兴地到处对人说："她没说我指挥得好，她说我很帅呢！"恐怕大指挥家还是头一回听到有人赞美他帅呢！

就这样，大指挥家把茱莉当成了挚友，时时去为她捧场。虽然只是一次见面，大指挥家就时常抱怨与她"相见太晚"。

人人都有自己的长处，也都有短处。人们一般都希望别人多谈自己的长处，不希望别人多谈自己的短处，这是人之常情。跟初谈者交谈时，如果以特有的方式赞扬对方的长处作为开场白，就更能使对方感到高兴，对你产生好感，交谈的积极性也就得到了激发。

所以，赞美要具体化，正如伏尔泰所说："言而无物，其言必拙。"赞美用语越具体，越说明你对他了解，这不失为一种特殊的赞美方式。

## 幽默，让对方更加向你靠近

幽默使生活充满了情趣，哪里有幽默，哪里就有活跃的氛围。

在人际交往中，幽默是心灵与心灵之间快乐的天使，拥有幽默就拥有爱和友谊。

一个秃头者，当别人称他"理发不花钱，洗头不费水"时，他当场变了脸，使原本比较轻松的气氛变得紧张起来。一位经常演讲的教授，也是一个秃头，他在自我介绍时说："一位朋友称我聪明透顶，我微笑地回答：'你小看我了，我早就聪明绝顶了。'"然后他指了指自己的头说，"我今天演讲的题目是外表美是心灵美的反映。"教授就这样开始了自己的演讲，整个会场充满了活跃的气氛。

同样是秃头，同样容易受到别人的揶揄和嘲谑，为什么不同的人得到的却是别人不同的认可，其间的缘故就是没有幽默感。

由此可见，幽默不仅反映出一个人随和的个性，还显示了一个人的聪明、智慧以及随机应变的能力。但需要注意的是，幽默既不是毫无意义的插科打诨，也不是没有分寸的卖关子、耍嘴皮。幽默要在入情入理之中，引人发笑，给人启迪。

在生活中应用幽默，可缓解矛盾，调节情绪，促使心理处于相对平衡状态。著名的喜剧大师卓别林曾说："通过幽默，我们在貌似正常的现象中看不出不正常的现象，在貌似重要的事物中看不出不重要的事物。"

幽默并非天生就有，而是需要自己用心培养。那么，怎样培养幽默感呢？

1. 首先要领会幽默的真正含义

幽默不是油腔滑调，也非嘲笑或讽刺。正如有位名人所言："浮躁难以幽默，装腔作势难以幽默，钻牛角尖难以幽默，捉襟见肘难以幽默,迟钝笨拙难以幽默,只有从容、平等待人、超脱、游刃有余、聪明透彻,才能幽默。"

## 2. 扩大知识面

幽默是一种智慧的表现,它必须建立在丰富的知识基础上。一个人只有具有审时度势的能力、广博的知识,才能做到谈资丰富,妙言成趣,从而做出恰当的比喻。因此,要培养幽默感,必须广泛涉猎,充实自我,不断从浩如烟海的书籍中收集幽默的浪花,从名人趣事的精华中撷取幽默的宝石。

## 3. 陶冶情操

幽默是一种宽容精神的体现,要使自己学会幽默,就要学会宽容大度,克服斤斤计较,同时还要乐观。乐观与幽默是亲密的朋友,生活中如果多一点趣味和轻松,多一点笑容和游戏,多一分乐观与幽默,那么就没有克服不了的困难,也不会出现整天愁眉苦脸、忧心忡忡的痛苦者。

## 4. 培养敏锐的洞察力

提高观察事物的能力,培养机智、敏捷的能力,是提高幽默的一个重要方面。只有迅速地捕捉事物的本质,以诙谐的语言做出恰当的比喻,才能使人们产生轻松的感觉。

当然,在幽默的同时还应注意,重大的原则是不能马虎的,不同问题要不同对待,在处理问题时要极具灵活性,做到幽默而不俗套,使幽默为人们的精神生活提供真正的养料。

## 表达你的好感，让对方也有好感

认同别人，就是认同自己。表达你对别人的好感，就会赢得别人对你的好感。

在朋友圈中，李波是一个极有魅力的人，大家总会不知不觉地受他的影响。他走到哪儿，就会给哪儿带来生气与活力。当你讲话时，他会全神贯注地倾听，让你感觉自他听你说话的那一刻起，你就比以前更加重要了。

人们都喜欢接近他，愿意与他在一起工作、学习和聊天。

一个阳光灿烂的秋日，小明和李波坐在办公室里闲谈，忽然看见陈平向他们走来。

"讨厌的人过来了，我可不想碰到他。"小明说着，想出去避开一下。

"为什么？"李波问。

小明解释说："到这个单位以来一直感觉和他关系不太好，我不喜欢他提出的一些问题，他也不满意我所做的事情。""除此之外，"小明又说道，"那家伙就是不喜欢我，跟我不喜欢他一样。"

李波看着陈平，"他看上去没有那样讨人厌啊，至少不像你说的那样，或许你想错了，"他说，"或许是你逃避他。你这样做，只因为你害怕，而他可能也觉得你不喜欢他，因此他对你也就不那么友善了。人们都喜欢那些喜欢自己的人，如果你对他表示好感，他就会以同样的方式对待你，去跟他说说话吧。"

于是，小明试着迎向前去，热情地问候陈平刚过去的周末怎么样，是否过得愉快。陈平听到小明的问候，表现出十分惊讶的样子，而此刻李波正看着他们，咧着嘴在笑。

人与人的沟通有时候并没有想象中的那样难，如果你愿意表达自己的好感。

人都是喜欢听一些表扬的话，让自己高兴的话，当然，这种表扬和高兴不是那种有目的的拍马屁之类的话语，不是那种有意美化别人的献媚，而是实实在在地表达你的赞美，表达你的真诚。

表达你的好感，是人际交往的润滑油，推动着人际关系向美好的方向发展。况且，这种表达不用投资，不需本钱，只要你发自内心的一个微笑，一个欣赏的眼神，一句轻轻的赞许，就行了。

又有人说："生活是一面镜子。你对人生表达好感，人生回报给你的也必是一片好感。"

善待他人同时也是在善待自己。正像站在镜子前一样，你怒他也怒，你笑他也笑，一切取决于你的态度。朋友，不妨试试看，用感激去装扮你的人生，点缀你的生活吧。试试看，从今天开始，多些感激，勇敢地向他人表达你的好感吧！

## 微笑，赢得他人好感的法宝

微笑是人际交往的通行证，是打开每个心门的钥匙。在与人交流中，主动报以微笑不仅能迅速拉近心与心的距离，还能赢得他人好感。

飞机起飞前,一位乘客请求空姐给他倒一杯水服药。空姐很有礼貌地说:"先生,为了您的安全,请稍等片刻,等飞机进入平稳飞行状态后,我会立刻把水给您送过来,好吗?"15分钟后,飞机早已进入平稳飞行状态。突然,乘客服务铃急促地响了起来,空姐猛然意识到:糟了,由于太忙,忘记给那位乘客倒水了。空姐来到客舱,看见按响服务铃的果然是刚才那位乘客。她小心翼翼地把水送到那位乘客跟前,面带微笑地说:"先生,实在对不起,由于我的疏忽,延误了您吃药的时间,我感到非常抱歉。"这位乘客抬起左手,指着手表说道:"怎么回事,有你这样服务的吗?"无论她怎么解释,这位挑剔的乘客都不肯原谅她的疏忽。

在接下来的飞行途中,为了补偿自己的过失,每次去客舱为乘客服务时,空姐都会特意走到那位乘客面前,面带微笑地询问他是否需要帮助。然而,那位乘客余怒未消,摆出一副不合作的样子。

临到目的地前,那位乘客要求空姐把留言本给他送过去。很显然,他要投诉这名空姐。飞机安全降落。所有的乘客陆续离开后,空姐紧张极了,以为这下完了。没想到,她打开留言本,却惊奇地发现,那位乘客在留言本上写下的并不是投诉,相反却是一封热情洋溢的表扬信:"在整个过程中,你表现出的真诚的歉意,特别是你的12次微笑,深深打动了我,使我最终决定将投诉信写成表扬信。你的服务质量很高,下次如果有机会,我还将乘坐你们这趟航班。"空姐看完信,激动得热泪盈眶。

在人际交往中，我们要赢得他人的好感，必须学会微笑，像故事中的那位空姐一样，用自己迷人的微笑来赢得他人的好感。微笑就像温暖人们心田的太阳，没有一块冰不会被融化。要带着真心、诚心、善心、爱心、关心、平常心、宽容心等去微笑，别人就会感受到你的心意，被你这份心感动。微笑可以使你摆脱窘境，化解人们彼此的误会，可以体现你的自信和大度。

在现实生活中，微笑能化解一切冰冷的东西，容易获得他人的好感。比如朋友、同事之间的吵架、误解，家人、邻居之间的矛盾，恋人、兄弟之间的隔阂等，都可以一笑了之，一笑泯恩仇。所以，人际交往中，不管遇到什么困难，不管遇到多么尴尬的事情，要常常告诉自己要"微笑"，没有什么事情不能用微笑化解的，只要你是真心的！

俗话说，"伸手不打笑脸人"，微笑能够化解矛盾和尴尬，取得意想不到的效果。微笑是人与人之间最短的距离，纵使再远的时空阻隔，只要一个微笑就能拉近彼此的心灵距离。当别人取笑你时，用微笑还击他，笑他的无知；当别人对你愤怒时，用微笑融化他，他会知道自己是在无理取闹；当彼此发生误解，争执不休时，用微笑打破僵局，你会发现事情其实并没有你们想象的那么复杂和严重……

微笑是人际交往的通行证，没有一个人不喜欢和微笑的人打交道！

## 适当的打扮是对人的尊重

著名的形象大师认为,化妆是为了对自己的容貌进行修饰,以期扬长避短,使自己光彩照人、精神焕发,从而在人际交往中更为自尊、自信、自爱。

在现实生活中,每一个人,尤其是女性,都会面临化妆的问题。所谓化妆,即通过对美容用品的使用,来修饰自己的仪容,美化自我形象的行为。中国有句话说:"欲把西湖比西子,浓妆淡抹总相宜。"只有掌握了恰到好处的指导思想及浓淡相宜的美学原则,才能使美的修饰映照出一个人蓬勃向上的精神风貌,才能帮助我们提高人际交往的能力。

为此,有必要了解一下化妆的基本原则。

首先,要注意避短与藏拙。

世界上没有人在仪表方面是十全十美的。任何人都会有或多或少,或大或小的仪表缺陷。但每个人都可以通过化妆的技巧,来突出自己的优势所在,修饰自己的一般之处,弥补自己的明显缺陷,从而达到美化形象的目的。

在正确认识自己身体条件的基础上,进行化妆技巧与方法的合理选择与搭配,重点是弥补缺陷,即避短藏拙。重要的是先认识自我。每个人都有互不相同的身体条件,如年龄、身材、肤色、容貌等。即使同一身体部位,不同的人也会有标准与不标准的区别。对此,人们都必须有正确、客观的认识和评价,要明确自己的优势与不足。只有在此基础上，才能正确、有效地化妆，做到扬长避短。

人贵有自知之明。要对自己的身体条件，尤其是不足之处心知肚明，不可偏听偏信，只记得别人对自己的赞扬和恭维，而对自身缺陷忽略不计。既不可对自己的不足不予理睬，也不必自惭形秽，觉得自己已无药可救，对自己全盘否定，并失去自信。每个人都应认识自我，关键就在于实事求是。

合理化妆。在对自己的身体条件有了整体的把握与认识后，就应根据自身各部位的具体特点进行针对性化妆。同样的部位，在不同人身上，往往需要选择不同的化妆技巧与方法才能达到美化的效果。如果不考虑个人身体条件的不同，采用千篇一律的化妆方法，或者盲目仿效时下流行的化妆技巧，往往会贻笑大方。

其次，要注意整体的协调。

"浓淡相宜"是说修饰不能片面追求某一局部的奇特变化，而应注意统一协调，否则会失去比例平衡，以致俗不可耐。一个人如果想受人尊敬，首先必须注意的是衣着的整齐清洁，让人觉得自己为人端庄、生活严谨。况且化妆的本意是为了掩饰缺点以表现优点，所以，如果为了掩饰缺点而化妆过浓时，优点反而被破坏无遗。因此，欲将良好的风度、气质呈现在众人面前，应持淡雅宜人的化妆，不可把脸当作调色盘，不可把身体当作时装架，妆饰是在表现本身的修养，同时也表现人格，因此必须使看的人感到清爽和产生好感才行。

虽然身体各部分的化妆是一个按部就班、逐次进行的过程，但是化妆的目的在于表现个人的整体美，而不是追求局部的靓丽。因此，身体各部分的化妆需要协调统一、整体考虑。要体现出健康的形体、优美的仪表以及充满活力的精神面貌，就必须在化妆时遵循协调性与整体性的原则。

化妆与部位。一个人化妆的效果是其各部位化妆后的整体显现。各个局部的化妆即使再成功，如果相互之间难以协调在一起，那么化的妆也是失败的。这与着装时色彩、款式的搭配是一个道理。例如，单纯的眼部化妆，只有同腮红、口红配合起来，才能有美的效果。如果要突出唇部的魅力或口红的色彩，则应节制对眼部的化妆。浓重的眼影显然不利于唇部优势的发挥。

化妆与服饰。在化妆时，应充分考虑所化之妆的颜色、浓淡是否与所着服饰相匹配。不同色调系列的服装往往需要不同色调的化妆品，不同款式搭配的服饰往往需要不同的化妆手法。只有当服饰与化妆适当地组合在一起时，才会显现出整体的协调美。

化妆与环境。着装有"应景"的原则，其实化妆也需要"应景"。不同的环境，或者不同的场合往往有不同的自然条件、社交气氛，这就需要所化之妆与其相协调、相适应。只有当化妆与环境相统一，人与环境才能相容，才能处于一体，个人的良好形象也才能最充分地体现出来。

在化妆时遵守以下原则，有助于体现良好教养和高雅品位，也有助于达到美化自身的目的。

1. 修饰避人

应当处处维护自身形象,这是无可厚非的。但这并不意味着可以随时随地为自己化妆补妆。修饰避人,是应当严格遵守的重要常规之一。

2. 适可而止

以香水为例,人们除了要选择适合自己的香型外,还应掌握具体、正确的使用方法。一般而言,使用香水应以少为宜。涂抹香水的适当部位仅限于手腕、下颌、耳垂、踝部等易于使之"正常发挥"的几处。其实,不同的化妆品有不同的使用技巧和方法,必须对此加以熟练掌握,从而使化妆成为有效的修饰手段。

## 让别人从你的眼神里读出真诚

一对恋人在一起,双双一言不发,仅靠含情脉脉的眼神就能表达双方爱慕之意。在人际交往中,你的眼睛也可以发挥很大的作用。

例如,直觉敏锐的客户初次与推销人员接触时往往仅看一下对方的眼睛就能判断出"这个人可信"或"要当心这小子会耍花样",有的人甚至可以透过对方的眼神来判断他的工作能力强否。

在与他人的交往中,能否博得对方好感,眼神可以起主要的作用。还拿推销人员为例吧,言行态度不太成熟的推销员,只要他的眼神好,有生气,即可一优遮百丑;反之,即使能说会道,如果眼睛不发光或眼神不好,也不能博得客户的青睐,反而会落得"光会耍嘴皮子"的下场。不少推销人员在聊天时眼神温柔，但在商谈时却毛病百出，尤其在客户怀疑商品品质或进行价格交涉时，往往一反常态甚至与之争吵起来。

一本正经的脸色和眼神有时虽也能证明他不是在撒谎，但是，这种情况仅在客户争相购买的时候才会起好的作用。在一般情况下，一本正经往往容易伤害对方的感情而导致商谈失败。作为一位推销人员不论如何强烈地反驳对方都必须笑容满面，如果不笑就无法保持温柔的眼神。在推销员的辞典里，没有嘲笑的眼神、怜悯的眼神、狰狞的眼神或愤怒的眼神等字眼。下面这些都是遭人反感的不当眼神，你一定要注意在实际工作中尽量避免，以免不必要的麻烦。

1. 不正眼看人

不敢正眼看人可分为不正视对方的脸，不断地改变视线以离开对方的视线，低着头说话，眼睛盯着天花板或墙壁等没有人的地方说话，斜着眼睛看一眼对方后立刻转移视线，直愣愣地看着对方，当与对方的视线相交时立刻慌慌张张地转移视线，等等。大家都知道，怯懦的人、害羞的人或神经过敏的人是很难成事的。

2. 贼溜溜的眼神

当你找人办事时，要是有一双贼溜溜的眼睛可就麻烦了。有的人在找别人办事时常有目的地带着一副柔和的眼神，可是一旦紧张或认真起来则原形毕露，瞪着一副可怕的贼眼，反吓别人一大跳。

这种人必须时时刻刻注意自己平时的日常生活，养成使自己的眼神柔和的习惯。

3. 冷眼看人

如果有一颗冷酷无情的心，那么眼睛也会给人一种冷冰冰的感觉。有的人心眼虽然很好，可是两眼看起来却冷若冰霜，例如理智胜过感情的人、缺乏表情变化的人、自尊心过强的人或性格刚强的人身上往往有上述现象。这种人很容易被人误解，这是十分不利于工作和生活的。

这些人完全可以对着镜子，琢磨一下如何才能使自己的眼神变得柔和、亲切及惹人喜爱，同时也要研究一下心理学。如果对自己的矫正还不太放心，可请教一下朋友。

4. 直愣愣的眼神

在与别人交流时，环顾四周是件非常重要的事。如果你目不斜视直愣愣地朝着对方的办公桌走去，那就是没有经验的表现。应该怎么办呢？首先，要环顾一下四周，视线能及的人（不要慌慌张张地瞪着大眼睛像找什么东西似的东张西望，而要用柔和亲切的眼神自然地环视四周），近的就走上前去打个招呼，远的就礼貌地行注目礼。

对待任何人，即使与你的业务并无直接关系，也要诚心诚意地和他们打招呼，这样不但可以提高你的声望，而且在某些情况下他们还会给你意想不到的帮助。

总之，你要尽可能想一切办法克服上述那些不利于人与人之间交流的眼神。平时你也可以将自己所喜爱的，认为极富魅力的明星照片放在随时可以看到的地方，并经常观察他们。坐到镜子前，看看你眼睛的形状和光亮度，适合哪种眼神，做各种媚眼、平视、瞪眼、斜眼等动作，找到令你感觉最好的媚眼、平视、瞪眼等动作的神态并加以训练，等你习惯以后就会不自觉地运用它们。一些忧心忡忡的人们或许会认为对明星神态的模仿只会出现一个令人恶心的复制品，这种看似不乏说服力的担忧实际上是杞人忧天。由于每个人所处的环境和社会经历不同，无法造就两种完全相同的气质。在你完全熟练把握某种神情时，正是出自己的感觉而不是玛丽莲·梦露或周润发的感觉，因为这种感觉的差异，使你神情的发挥和把握显示出某种不同的个性来。

只要你加以练习，就会让自己的眼神看起来更加温柔，给人留下美好的感觉。这样就会有利于我们与他人的交流，有助于形成良好的人际关系。

# 第二章

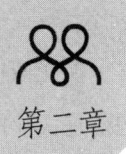

好好接话聪明回话,
会表达不尴尬

## 危急关头，不妨转换话题

在交谈中出现紧急状态时，以周围的环境为媒介，迅速转移话题便是一种普遍有效的应急措施，但必须做到转得巧妙。

人际关系中，人们之间总会有一些认识上的分歧，或者发生一些不愉快的事，甚至还有被人故意刁难的尴尬时刻。在这种情况下，继续谈论已经发生争议的话题，会发生更多的不愉快，两个人即使是默默不语，也不能缓解尴尬的局面。在这种情况下，最好的办法就是转移话题，紧张的场面会立刻轻松下来。

1981年，里根遇刺的消息传到白宫后，总统办公厅一片慌乱。这时，富有经验的国务卿黑格被推荐站出来维持局面。黑格曾任美国驻欧洲部队司令，脱下军装后又当上国务卿，一向以果断、稳重而知名。但他听到里根被刺的消息，也慌了手脚，甚至还闹了个笑话。

一个记者问黑格；"国务卿先生，总统是否已经中弹？"

黑格回答:"无可奉告。"

记者又问:"目前谁主持白宫的工作?"

黑格答道:"根据宪法规定,总统之后是副总统和国务卿,现在副总统不在华盛顿,由我来主持工作。"

这一回答引起了轩然大波,记者们议论纷纷。另一个记者马上又问:"国务卿先生,我记得美国宪法上写明总统、副总统之后,是众议院议长和参议院议长,而不是国务卿。我想问美国宪法是不是修改了?"

黑格听后明白是自己失言,急中生智反问道:"请问在两院议长后又是谁呢?他们都不在白宫现场,当然由我来主持了。刚才为了节约时间,少说了一句话而已。"

案例中,黑格几句话便自圆其说为自己解了围。在交谈中出现紧急状态时,这时,以周围的环境为媒介,迅速转移话题便是一种普遍有效的应急措施,但必须做到转得巧妙。

社交场合中,有时会遇到自己不想公开,而别人又偏偏要打听的事;或是自己偶然触及对方的伤痛、忌讳及隐私,出现了尴尬的局面。这时我们不妨转换话题。

## 非常场景,机敏应答

机敏是机智、敏捷,体现的是人们对矛盾的感受能力以及由此产生的变通能力。这就要求我们必须善于发现问题,判定相应的对策，而且还要随着事情的变化不断调整应变策略。

在交际中遇到的尴尬场面或遭遇他人的故意为难时，我们要做到随机应变，灵活应答并化解尴尬，维护交际活动的正常进行，这往往体现了一个人的内在修养和气度。

在美国第35任总统候选人的提名过程中，肯尼迪的年轻和孩子般的外表成了一个不利条件。众议院发言人萨姆·雷伯恩就攻击肯尼迪是乳臭未干的几个民主党领导人之一。肯尼迪哈哈一笑，把问题抛到一边："萨姆·雷伯恩可能认为我年轻。不过对一位已是78岁的人来说，他眼中的大部分人都年轻。"可是这个问题始终纠缠着肯尼迪。哈里·杜鲁门在一次全国性演讲中向肯尼迪挑战。"我们需要的是一个极其成熟的人。"这位前总统说。

肯尼迪用逻辑和机智回敬了他的挑战。他说："如果年龄一直被认为是一个标准的话，那么美国将放弃对44岁以下所有人的信任。这种排斥可能阻止杰弗逊起草《独立宣言》、华盛顿指挥独立战争中的美国军队、麦迪逊成为起草宪法的先驱、哥伦布去发现新大陆。"

在社交活动中，不时会碰到一些突发情况，这需要当事人机智反应，化解突发情况带来的不良影响。在此，我们略举几种技巧。

1. 以虚对实

如果碰到别人实实在在的话语，不要从实际情景出发，而是侧重联想，不给他有关问题的对口信息，将话题转向与问题没有直接关联的其他事情上，暂时中断对方原来的意念，中断必然引起对方对两个看似不相关的问题的思考，品味其中的不协调。

比如，妻子对丈夫说："你经常说梦话，还是去医院检查一下吧。"丈夫笑着说："还是不用了吧，要是治好了这病，我就没有一点说话的机会了。"

这里，妻子本是从关心丈夫的角度出发，真心实意劝丈夫看医生，而丈夫故意装作不懂，把话题引到妻子话多的问题上，说梦话是生理疾病，话多是习惯，丈夫以虚对实的幽默表达着他淡淡的抱怨，从而让妻子在幽默里领悟丈夫的潜台词。

2. 妙答怪问

乾隆皇帝突然问刘墉一个怪问题："京城共有多少人？"

刘墉虽猝不及防却非常冷静，立刻回了一句："只有两人。"

乾隆问："此话何意？"

刘墉答曰："人再多，其实只有男女两种，岂不是只有两人？"

乾隆又问："今年京城里有几人出生？有几人去世？"

刘墉回答："只有一人出生，却有十二人去世。"

乾隆问："此话怎讲？"

刘墉妙答曰："今年出生的人再多，也都是一个属相，岂不是只出生一人？今年去世的人则十二种属相皆有，岂不是去世十二人？"乾隆听了大笑，深以为然。

确实，刘墉的回答极妙——皇上发问，不回答显然不妥；答吧，心中无数又不能乱侃，这才急中生智，转眼间以妙答趣对皇上。

3. 即兴发挥

中国人民的老朋友——美国记者安娜·路易斯·斯特朗八十周

岁的庆祝会上，周总理就巧妙抓住西方女士喜欢别人说她们年龄小的特点，并与中国称"斤、里"时比"公斤、公里"数值小一半的情况联系起来，于是就笑着要大家为斯特朗的四十"公岁"举杯庆贺。满座来宾听后皆捧腹大笑，斯特朗则笑出了眼泪。

## 自嘲解围，娱人娱己

我们若能将自己的弱点借由巧言妙语表现出来，使谈话中"趣中见智"，则必能换取听者的开心笑声。

在日常生活中，常有人由于不慎而使我们身处窘境，向我们提出一些非分的请求，或是问一些我们不好回答或暂时不知道答案的问题。此时，我们如果直接表明"不满意""不可能"或"无可奉告"，往往会给彼此带来不快。如果我们想从窘境中脱身而出，不妨借用自嘲的方法。

一个人嘲笑自己，常常带给别人无限的欢乐。每个人都有弱点、缺点，但若能带着洞察力，自我谦抑、自我嘲笑，来衬托出他人的优越感，使人哈哈一笑，则是大智若愚的幽默高手。

所以，"自己先笑自己，总比被人取笑要好得多"。我们若能将自己的弱点借由巧言妙语表现出来，使谈话"趣中见智"，则必能换取听者的开心笑声。

美国前总统克林顿曾经有一次被记者围攻。记者问："总统对于媒体对您与××小姐绯闻的报道有什么评价？"面对这个尴尬的问题，克林顿却从容不迫地回答："取笑我的话已经被世人说尽了，再也没人能说出新鲜的了。"

克林顿的语言既尖锐又圆润，自嘲的同时也没有忘记反攻，一下子把球抛到了记者手中，弦外之音就是：你们哪个有本事说出来点新花样？我洗耳恭听。果然记者们全部顿时语塞。克林顿的回答真够得上经典和巧妙。

此种方法比较适用于处境窘迫的场合。有了过错，或受到别人的过分嘲讽，可以顺着对方的思路通过自嘲来进行化解。同时也不应忘记抓住对方的弱点，反守为攻，攻其不备。当然，这需要拿捏到位、反应敏捷、恰到好处。

善于自嘲的人，必须要有豁大的胸襟和宽广的胸怀。有一句老话叫作"静坐常思己过，闲谈莫论人非"，同样的道理，只知道从别人身上寻找笑料的人是不会太受人欢迎的，适当的时候"幽默"一下自己，这样的人会更有人缘，这样的说话方式别人也更爱听。

英国"一代名相"丘吉尔就是一位善于自我解嘲的高手，他为世人留下的幽默典故数不胜数。

1915年，当时的丘吉尔还只是英国的海军大臣。有一天，丘吉尔突然一时心血来潮，要学开飞机。于是，他命令海军航空兵的那些特级飞行员教他开飞机，军官们只好遵命。

丘吉尔虽称得上是杰出的政治家，但操纵战斗机跟政治是没什么必然联系的。也可能是隔行如隔山吧。尽管丘吉尔刻苦学习，把全部的业余时间都搭上了，但是机舱里的那么多仪表丘吉尔自始至终也没完全搞明白。负责训练他的军官都快累坏了。

有一次,在飞行途中,天气突然变坏,一段160英里(约合257千米)的航程竟然花了两个小时才抵达目的地。着陆后,丘吉尔刚从机舱里跳出来,匆忙之中竟然忘了操作规程,在慌乱之中又把引擎给发动起来了,那架飞机竟然再次腾空而起,一头撞到海里去了。旁边的军官们都吓得怔在那里,一动不动。

望着眼前这一切,丘吉尔也不知所措,好在他并没有惊慌,装作茫然不知似的,自我解嘲道:"怎么搞的,这架飞机这么不够意思,刚刚离开我,就又急着去和大海约会了。"

一句话,缓解了紧张的气氛,也让丘吉尔摆脱了尴尬。

在有些尴尬的场合,运用自嘲能使自尊心通过自我排解的方式受到保护,而且还能体现出说话者宽广大度的胸怀。善于自嘲者不仅娱人还能娱己,掌握了正确的娱己方法,不但能化解尴尬,缓和气氛,让彼此在笑声中增加了解和信任,还能让别人为你的勇敢和幽默所留下的印象加分不少。

## 避重就轻绕着说

说话要学会"绕",正所谓"曲径通幽",在大海中航行的轮船只有"绕"才能避开险滩暗礁,确保一帆风顺。人们说话也要学会采取绕道而行的曲线策略,这样能为自己减少许多不必要的麻烦。

生活中常有这样的事,当有人求自己帮忙,但自己实在是办不到,此时若直言拒绝,一定会使对方难堪或伤害对方,那么该怎么办呢?这就提醒我们说话办事都要讲究方法,尤其要懂得绕弯,别直来直去,事情反而易成功。

在古时候,有一个县官很喜欢附庸风雅,尽管画画的技术不佳,对此却极有兴致。他画的画看起来虎不像虎,反而像猫。并且,他还自我感觉良好,在每画完一幅作品,都要在厅堂内展出示众,让众人评价。而且大家只能说好话,不能说不好听的话,否则,就要遭受惩罚,轻则挨打,重则流放他乡。

有一天,这个县官又画成了一幅"虎",悬挂在厅堂,又召集全体衙役来欣赏。

县官得意地说:"各位瞧瞧,本官画的虎如何?"

众人低头不语。县官见没有人附和,就点了一个人说:"你来说说看。"

那人战战兢兢地说:"老爷,我有点怕。"

县官:"怕,怕什么?别怕,有老爷我在此,怕什么?"

那人:"老爷,你也怕。"

县官:"什么?老爷我也怕。那是什么,快说。"

那人:"怕天子。老爷,你是天子之臣,当然怕天子呀!"

县官:"对,老爷怕天子,可天子什么也不怕呀!"

那人:"不,天子怕天!"

县官:"天子是天老爷的儿子,怕天,有道理。好!天老爷又怕什么?"

那人:"怕云。云会遮天。"
　　县官:"云又怕什么?"
　　那人:"怕风。"
　　县官:"风又怕什么?"
　　那人:"怕墙。"
　　县官:"墙怕什么?"
　　那人:"墙怕老鼠。老鼠会打洞。"
　　县官:"那么,老鼠又怕什么呢?"
　　那人:"老鼠最怕它!"来人指了指墙上的画。

在这里,新来的差役并没有直接说县太爷画的虎像猫,而是从容周旋,借题发挥,绕弯子似的达到了批评的目的。巧妙地用以上问答,使他的戏做得自然而真实。他对付不好直接表达话题的手段实在是高明。在现实生活中,也有许多"不宜直言"的场合需要我们用心应付。

在现实生活中,我们为了避免直言,也可以运用各种暗示,以含蓄、隐晦的方法来向对方发出某种寓着自己真实想法、态度的信息,以此来影响对方的心理,使对方明白自己的心意,又不会让对方难堪。

总之,说话要学会"绕",正所谓"曲径通幽",在大海中航行的轮船只有"绕"才能避开险滩暗礁,确保一帆风顺。有时候说话避重就轻,避实就虚,采取绕道而行曲线策略,也能为自己减少许多不必要的麻烦。

## 就地取材,依据话语情境解尴尬

在人际交往中,很多时候都免不了会因一时失误而触犯对方的忌讳,令自己处于尴尬的境地。大庭广众,当场无言,这或多或少会给人际交往带来负面影响,如果不及时弥补,将会贻笑大方或者使局面不好收拾。如果说错了话,而且确实很难挽救,在这种境况下,我们可以挖掘当时当地切题的素材,依据话语情境借题发挥,有意地突出显示错处,借机大做文章,为自己的话找到最佳效果的解释。

有一个应届大学生去一家外资公司应聘,一位负责接待的先生递过名片,大学生神情紧张,匆匆一瞥,脱口而出:"滕野拓先生,您身为日本人,抛家舍舍,来华创业,令人佩服。"那人微微一笑:"我姓滕,名野拓,地道的中国人。"

这位大学生顿时面红耳赤,无地自容。幸好,他反应很快,短暂的沉默后,连忙诚恳地说道:"对不起,您的名字让我想起了鲁迅先生的日本老师藤野先生。他教给鲁迅许多为人处世的道理,让鲁迅受益终身。今天我在这里也上了难忘的一课,那就是'凡事认真',希望滕先生在以后的工作中能时常指教我!"滕先生面带惊喜,点头微笑,最后这位大学生如愿以偿地被录用了。

这位大学生的错话已经说出口,但经过简单的致歉后,立刻聪明地转移了话题,有意借着对方的名字加以发挥,巧妙地将话题引向了鲁迅的老师藤野先生。这样做既消除了自己将对方误当作日本人的尴尬,又语义双关,诚恳地检讨自己的不认真;同时又不失时机地暗示了愿在该公司服务的愿望,真可谓"一语三得"!

在特定的情况下,你说错了话或做错了事,又没有别的办法可以弥补时,不妨顺着这个既定的主题大做文章,就地取材,看当时情境中有没有可供自己在话题中借用的事物,尽量把自己的失误降至最低,从而化解尴尬。当然,我们也可以借助对方的姓名、籍贯、年龄、服饰、居室,等等,即兴引出话题。其实巧妙地借用彼时、彼地、彼人的某些材料为题,并借此引发交谈,常常能够取得更好的效果。关键是灵活自然,就地取材,思维敏捷,以此达到由此及彼的联想。

生活中,如果我们将"就地取材"的说话方式运用得当,不露痕迹地将"笑"潜于事物的深层,那么定然也会在人们的笑声中得到心灵的充实。

## 针锋相对,变被动为主动

谁都无法避免难以下台的情境,但是只要能选择一个巧妙的角度,改变眼前的被动局面,想方设法争取主动,这样就能比较自然地在窘境中给自己找一个可下的台阶。

生活中,总有那么一些人爱故意找碴儿,寻衅滋事,想让别人下不来台。这时你如果退避三舍,必会遭人耻笑;如果视而不见,难免有软弱之嫌。你想化被动为主动,采用反唇相讥法,既可让寻衅者无言以对，又能在主动中有台阶可下。有时候，在气势上不输对方也能变被动为主动，这就需要你使用"针锋相对"法。

针锋相对，即以对方同样的火力向对方进攻。对方提什么问题，你就给予十分肯定或否定的回答，丝毫不退让，一点也不拖沓，也不拖泥带水，使对方无理可寻、无懈可击。

丹麦著名的童话作家安徒生一生俭朴，常常戴一顶破旧的帽子在街上溜达。有一天，安徒生来到集市上人流最集中的地方。就在这时，有个坏家伙嘲笑他说："你脑袋上边的那个玩意儿是个什么东西，能算是顶帽子吗？"大家都笑了起来，把安徒生弄得下不了台，非常尴尬。

这时，安徒生看了这个坏家伙一眼然后说："那么，现在请大家看一下，你帽子底下那玩意儿是个什么东西，能算是个脑袋吗？"

这下，大家又是一阵大笑，那个坏家伙自讨没趣，只得灰溜溜地走掉了。

针锋相对是针对对方的弱势，面对面地、直接地加以辩驳。要抓准对方错误的要害，"蛇打七寸"，才能"仅以一击，给予致命的创伤"；摸清对方立论的根据加以驳斥，才能一击要害。否则，也许是你一句，我一句，辩来辩去搔不着痒处。另外，要注意论或驳的严密，不要给对方留下可乘之机，否则，只会陷入无谓纠缠的沼泽。

针锋相对时，最关键是将对方提出的问题，毫不留情地揭穿，并加以驳斥。而最有力的反攻在于加大两者的反差，形成鲜明的对照，获得最大的感染力。

## 不要说别人是错的

你应该机智、委婉地将你们之间的不同点加以淡化，然后，把听众引到你的观点上来，从而使他淡忘甚至是完全忘却自己原来的意见。

在第二次世界大战结束后不久，美国前参议院议员罗茨和哈佛大学校长罗维尔，一起被请到波士顿去讨论国际联盟的问题。罗茨觉得大部分的听众都会对他的意见表示反对，并可能因此而仇视他本人，但他决定必须让听众都赞同他的意见。

罗茨想，应该采取什么方法呢？当然不能直接采取正面、开门见山的方法向听众"进攻"。作为一个极其聪明的心理学家，他当然明白这样做的后果，他也不会采取这样的笨方法。

罗茨既然明知道不可能用直接攻击的方式，那么他到底该怎样表述自己的观点呢？如果能听完他开始的十几句话，即使最强烈反对他的人，也无法再对他提出相悖的意见了。现在，就让我们一起看看他演说的开头吧。

"校长、诸位朋友、诸位先生以及我的同胞们：

"罗维尔校长给了我这样一个机会，让我能在诸位面前说上几句话，我感到十分荣幸。我们两人是多年的老朋友，都是信奉共和党的人。他是让我们拥有最大荣誉的大学校长，是美国极有权威和地位的人，他还是一位研究政治最优秀的学者和史学专家。

"现在，我们对于当前的重大问题在方法上虽然略有不同。然而在对待世界和平及美国人的幸福等问题上,我们的目的却是完全一样的。如果你们允许的话,我愿意站在我本人的立场上简单说几句。我曾用简明的英语,一次又一次地说了许多遍,但是有人却对我产生了误解,认为我反对国际联盟。事实上,我一点都不反对,我渴望世界上一切自由的国家联合起来,成立我们所谓的联盟,也就是法国人所说的协会。只要这个组织能真正联合各国,各尽所能,争取世界的永久和平,促成环球裁军的实现。"

台下的听众无论曾经多么激烈地反对他的意见,听完这个开头之后,也一定感到心平气和了,也愿意再继续听下去,至少愿意相信他是一个正直的人。而如果罗茨在演说开头就将那些信任国际联盟的人加以痛斥,说他们荒谬到了极点,结果可能他会被这些人踢下演讲台。

为了能称颂听众的爱国热情,罗茨称呼所有的听众为"我的同胞";为了缩小彼此意见相悖的范围,他郑重地提出了他们的共同理想;为了赞美对方,他坚持说他们的不同点仅仅是方法上的一些琐碎小枝节,而对于美国的发展及世界的和平等大问题,他们的观点是完全一致的。他还进一步称,他也赞成国际联盟。分析到了最后,他和对方的不同点仅仅在于是否应该有一个更完善的国际组织。

如果你在与别人聊天或交谈时,出现了与对方相左的观点,特别是你想说服对方接受你的观点时,那么最好不要一上来就否定对方的观点,说他的观点是错误的、荒谬的,这样很难获得你想要的结果。相反,如果你能机智、委婉地将你们的不同点加以淡化,然后将对方引导到你的观点上来，从而让他们淡忘甚至忘记自己原来的观点，这将是最智慧的方法。

## 不得已，可以说几句善意的谎言

莎士比亚曾说："生活中，善意的谎言可以让生活增添色彩。"因为善意的谎言能够让人的心灵变得温暖，并缩短人与人之间的距离。

通常人们在得知善意谎言的真相后，最多的是感动而非怨恨。直性子的人擅于说出事实的真相，而有的真相会给当事人带来巨大的痛苦。因此直性子的人要懂得在不得已时，说几句善意的谎话，以免给他人带来不必要的痛苦。

一架运输机飞至一片沙漠时，不幸遇到沙尘暴，驾驶员在紧急情况下将飞机迫降。虽然暂时安全了，但飞机着陆时已经受到严重的损毁，不但无法起飞，连通信设备都坏了。驾驶员尝试了多种方式都不能与外界取得联络，只能无奈而绝望地告诉其他几位乘客："各位，我们的飞机不能起飞了，也无法与外界沟通了。"

驾驶员说完，乘客们保持了片刻的沉默后，就开始痛哭。为了能够多活一天，他们开始争抢飞机上的食物和水，场面十分混乱。

就在这时，一位乘客大声说："大家不要抢，也不要慌！我是飞机设计师，可以修好飞机，但是需要大家的配合。"

乘客们一听，顿时安静了下来，每个人的心中都又重新燃起了希望之火。大家调整好心态，不再争抢食物，按照"飞机设计师"

的指挥开始修理飞机。连着的十几天里，人们从未放弃过对生的渴望，团结一致与困境顽强地做着斗争。

飞机并没有被修好，但是有一天，一支商人驼队经过这里，大家被解救了。后来这些乘客才得知，原来那个"飞机设计师"是冒牌的，他其实是一位小学教师。当人们质问他，"你怎么能欺骗我们"时，这位教师却说："当时如果我不撒这个谎，恐怕大家都难以存活。"想起争抢食物的画面，大家这才明白了他的良苦用心。

在日常的人际交往中，谎言几乎是不可缺少的。从严格意义上讲，世界上几乎没有不说谎的人。坊间有这样一句话："适当的谎言是权宜之计。"可见说谎在某些场合是非常有必要的。如果故事中的这位教师不撒谎，人们依然会在生存本能的驱使下争抢食物和水，还会相互伤害，从而酿成悲剧。

特别是当我们身处逆境或者遭遇不幸时，需要的不仅是坚强，还有他人的安慰和帮助。如果有人能够及时给我们送来真诚的安慰，哪怕是一句善意的谎言，也犹如雪中送炭，给我们的心灵带来温暖和力量。

例如，面对一位身患重症或者绝症的病人，医生通常会把病情如实告知家属，然后安慰病人说："您的症状不算严重，只要配合治疗，还是有治愈的可能。"如果这句善意的谎言唤起了病人对生命的渴望、对生活的热爱，就会增强他抗争病魔的斗志，从而使生命得以延续，也很有可能最终战胜病魔，涅槃重生。

善意的谎言，讲究说谎的初衷是善良的，是为了减轻当事人的痛苦，即便对方知晓这是谎言，也会心生感激。不过，即便是善良的谎言，也要把握一定的原则。

　　谎言有时是假象，有时也是一种含糊的表达。当我们难以告知当事人真相时，可以用模糊不清的语言来表达。例如，一位女士穿着自己新买的衣服问你："怎么样，漂亮吗？"而你觉得并不漂亮时，可以委婉地说一句"还好"，这比刻意的奉承更有效果。"还好"就是一个模糊的表述，可以理解为不太好或者一般等，对方能够从中听出你的真实想法，从而感谢你的宝贵意见。因为善意的谎言有时比大实话更能影响人们的行为。

　　法国的女高音歌唱家玛·迪梅普莱有一个私人园林，风景优美，吸引了很多人前来观赏。但是有的游玩者并不自觉，会随意采摘花朵、折断树枝等；有的还在草地上野餐，制造了很多垃圾。为了保护园林的美丽和清洁，管家请人在园林周围竖起了篱笆，并插了一个"禁止入内"的牌子。但游玩者熟视无睹，情况毫无改观。

　　玛·迪梅普莱见状，便让管家重新做了几个牌子竖在各个路口，结果再也没有人进过她的园林。原来牌子上写着："倘若在园林内不慎被毒蛇咬伤，就到最近的医院进行治疗，驾车需要半个小时。"谁也不敢拿生命开玩笑，只好对这个美丽的园林敬而远之。

　　故事中的女高音歌唱家在牌子上写的内容虽然是善意的谎言，但终归是在说谎。她也是在迫不得已的情况下才使用的。

　　所以直性子的人无论是在工作，还是生活中都要巧妙地使用善意的谎言。

# 第三章

把握做人的分寸感,
别让直性子害了你

## 有想法是好，但不要鲁莽行事

灵光一现的想法固然很好，但是一定要分析清楚了，再付诸行动。因为理想和现实有很大的差距。

美茜是个直性子，平时做事风风火火。单位的同事都说，有事找美茜帮忙一点问题都没有。因为她非常热心。但有时候她的直性子也会给她的工作带来很大的麻烦。

最近，单位准备运作一个新的项目，需要拍摄一个宣传视频。这个任务分配给了美茜所在的办公室。从上大学时，美茜就对这些事比较感兴趣，这次更是兴致勃勃地参与其中。

办公室里，大家正开会讨论拍摄的内容，一向心直口快的美茜立刻就说出了自己的想法，"我觉得我们可以选择在夜晚拍摄，这样才可以突出景观的特点。"

"但是天气会影响拍摄质量，因为天气预报说这几晚都有雷阵雨。"同事反驳道。

"我们可以等雨停了啊！阵雨过后，空气会很清新，想想看，干净的空气多有意境，肯定还能给拍摄效果加分呢……"

美茜尽情地描绘着自己的设想，没有注意到已经有同事表示不满了。

"天气，确实是我们应该考虑的……"主任想缓和一下气氛，但是刚一开口就被美茜打断了。

"我觉得还是晚上比较好，车水马龙，霓虹闪烁，这样的风景是最好的。我来负责拍摄，并保证完成这个任务。"

"美茜啊，你有想法很好，但是我们是不是再好好计划一下，写个脚本或者再把细节敲定一下……"

"不用了，我现在脑子里已经有了很完整的画面，您如果需要，我现在就去写。主任，您就让我来办吧，您是不是信不过我啊？"美茜反问主任。

"我不是这个意思。"主任连忙说。

"那您就是不相信我的能力了？"美茜有点咄咄逼人地反问。

"没有，你误会了。"主任有点尴尬地解释。

"那您就把任务交给我啊！"美茜想都没想就脱口而出，她没注意到在场的同事脸色都变了。

"好吧。"主任说完就直接走了出去。

但是第三天早上，美茜却无比尴尬地站在办公室里。因为雷阵雨，她的拍摄泡汤了。而且脚本写得很粗，根本无法进行拍摄。他们组的任务因此没能完成。

故事中的美茜是个风风火火的直性子,有想法就立刻说,马上做,但是最后的结果却不尽如人意。敢想敢做,是这类人的优点,他们更容易抓住稍纵即逝的机会,更容易取得成功。正所谓"成也萧何,败也萧何",敢想敢做的人可能因为这个优点而成功,有时也会因为这个缺点而失败。

正如故事中的美茜,她敢想敢说,却未注意到自己的言辞和语气,已经令周围的气氛有了变化,甚至得罪了周围的人。事情的结果并没有像她预想得那样完美。因为思考的过程太过短暂,没有对行动中可能会出现的问题进行缜密的思考,并做出周密的应对计划,所以在猝不及防的问题面前,她手足无措,最终的结果也只能是失败。如果在说出自己的想法时,能够思考得全面一些,对实施过程中将要面临的问题,能够有着较为全面的认识和可行性的应对措施,想法才有可能变成现实。

小超是个文学爱好者,从上学起就非常喜欢看小说。书看得多了,自己也就有了创作的想法。在生活中喜欢观察和思考的他,也会有很多灵光一现的时候。每当这时,小超就会把这些突如其来的灵感记在纸上。但是灵感来得快,去得也快。每当无法继续的时候,他就会停止,他知道这是因为他积累不够,还需要时间准备。

其实,小超也是个直性子,很多时候他都会表现得很鲁莽。上大学的时候,有一次文学社举办庆祝中秋的作文大赛,他立刻报名参赛了。满以为自己悉心琢磨的文章会榜上有名,没想到却名落孙山。一直想不通的他气冲冲地去找组委会,没想到这次的评委里有他的辅导员，小超觉得自己"有希望'翻盘'了"。

"你的文章我看过了，文笔不错，但是缺少思想，看起来有些空洞，你还需要勤奋练习啊。多读些有思想深度的书，多交流。希望你以后有更好的作品！"

辅导员的一席话让小超变得心平气和，认真思考后，他觉得老师说得对！他为自己的鲁莽道了歉。从此，小超不再一有想法就匆匆执笔，然后到处投稿，而是记录下来慢慢琢磨。直到参加工作，他依然保持着这个好习惯。功夫不负有心人，现在的小超在一些自媒体平台上已经是位小有名气的"作家"了，还有不少的粉丝呢。

年轻时，我们总把爱好当成梦想，为了追求梦想也有"冲动"的时候。但不管是追逐梦想，还是面对生活中的琐事，我们都不能凭借一时的意气而鲁莽行事。

有想法的人有主见，这证明一个人具有思考的能力。想法可能来源于灵感，而真正的成功，需要靠踏实勤奋和步步缜密的行动来获得。直性子的人思维活跃，时常会有很多想法，这对工作和学习都有着正向积极的作用，在生活中也会让他们时刻保持热情。

有想法虽好，但现实和理想终究还是有很大差距的。丈量它们之间的差距就要靠自己的思维，靠生活的经验，也可以借鉴身边人的意见和建议，寻找榜样，这样才能化鲁莽为行动，让理想变为现实。懂得三思而后行的道理，生活就会少一些阻碍，多一些顺畅。

## 口无遮拦，不是实在是无知

直性子就可以口无遮拦地想说什么就说什么了吗？才不是！这只是直性子的人用来掩饰自己无知的一种表现。

周洁的口头禅是"我是个实在人"。但是她旁边的人都很怕听到她这句话，因为这句口头禅后面总是会有一些让人非常尴尬的事情发生。

"嗨，早上好啊，小兰，你今天很漂亮。"周洁对迎面而来的同事李兰说道。

"谢谢。"本来这样的称赞就已经让女孩子心花怒放了，但是周洁却管不住自己的嘴，又画蛇添足道："我是个直性子，所以我不得不说，你今天穿的这双鞋……虽然看起来是新的，但怎么那么土呢！跟你的衣服有点不搭配。唉，败笔，败笔啊！"

李兰低头看看自己的鞋，早上快迟到了，她就随便找了一双鞋穿上了，确实有点不搭。忽听周洁这么一说，李兰脸一红，低着头一言不发地走开了。

看着李兰不好意思的样子，周围的人都向周洁投去了责怪的目光。但是周洁却理直气壮地说："怎么了啊，我有话就直说啊！"

周末的时候几个好朋友在一起聚会。周洁因为堵车迟到了，一进门就大声地抱怨。

"哎呀，你们选的这个地方真的是太难找了！我打车找了半天都找不到！"

闺蜜之间聊起了彼此的男朋友,周洁又来了兴致。

"哎呀,我是个实在人,有话就直说。我觉得他就是对你不上心,赶紧分了算了!你看他有什么啊!"周洁只顾着自己一吐为快,根本没有注意到对面闺密们的脸色越来越难看。

"我是个实在人啊,有一说一啊!"理直气壮的周洁一直都不明白为什么闺密们离她越来越远了。

生活中的"周洁"们本着"为你好"的初衷,用"我是个直肠子""我老实,有话直说"做掩护,在不涉及自己利益的前提下,肆意地干涉着别人的生活。如果身边有这样的朋友,或许很多人都会用他们给出的理由——"直性子"来原谅他们的行为。但如果是初次见面,擅长制造尴尬气氛的他们,恐怕会让不少人敬而远之。难道直性子就要口无遮拦,不顾对方的身份,不管自己的角色,不分场合、不分时间地想说什么就说什么吗?答案当然是否定的。

胸无城府也好,善良单纯也好,但是想说什么就说什么肯定是不受人欢迎的。口无遮拦不是性子直,而是一种越界的行为。总是口无遮拦的人,他们没有分清自己的生活和别人生活之间的界限,甚至已经干扰到了别人的生活。或许他们的初衷是好的,但是却经常令人反感。久而久之,原本关系不错的朋友也会因为尴尬而疏远。对初次见面的人来说,若留下了这样一个不好的印象,在以后的交往中也会选择敬而远之。

或许我们都曾听到过这样的理由:"我们是朋友我才跟你说这个。""不是关系好我才不告诉你呢!"恶语伤人六月寒,来自"朋友"的伤害比陌生人的杀伤力更大。那些本着为别人好的"糖衣炮弹"确实让被攻击者有苦难言。而语言是一门艺术,它是我们交流和相互理解的桥梁和媒介,而不是用来伤人的利器。所以那些"为别人好"却是在伤害别人的行为应该避免,那些在"老实"的掩饰下毫无遮拦的嘴巴也要赶紧寻找"门卫",避免祸从口出、得不偿失。

乐乐在她的朋友圈里是有名的"好人缘"。但是乐乐不是一个两面三刀的人,所以大家对她的喜欢是发自内心的。每当有人遇到什么事,都愿意跟乐乐分享。因为大家都说在她这里可以获得最有用的方法。大家愿意相信她和她的话,是觉得她真诚、坦率。直性子的她不但说话不拐弯抹角,也不会掩饰或者故意歪曲自己内心的想法。

前几天,乐乐的好闺密跟男朋友闹分手,大家都知道她这个闺密的男朋友"不靠谱",而乐乐既没有遮遮掩掩地对闺密的男朋友提出任何看法,也没有和她一起控诉闺密男朋友的万恶行径,更没有以局外人的样子冷眼相待。而是诚恳地帮她分析原因、找出问题,站在闺密的角度向她提出建议。这样就避免了"得罪"闺密,同时还帮助了她。

乐乐常说:"说话、做事要多站在别人的角度上思考。心直口快不都是好事,重点要看能不能让别人接受。一句话的说法有那么多,何必非要选择大家都无法接受的那种呢?再说了,口无遮拦也只能显示自己的无知!"

口无遮拦或许可以让自己一吐为快,但是却也向别人暴露了自己的无知。故事中的乐乐是个非常聪明的女孩,直性子的她并没有选择快人快语，而是站在对方的角度考虑问题，这样才不会让别人有被强行干涉的感觉，也不会因为言语不妥而起冲突，真正做到了既帮助了别人，也没有令人不快。

如果有人将直性子简单粗暴地理解为：想说什么就说什么的口无遮拦，那么他所谓的直性子也只能是一种任性。一个人成熟的表现就是自控能力强。一个成熟的人应该能控制住自己的表达欲，并且能够将自己的观点准确地表达出来，这其中当然包括筛选的过程。因此请不要再让直性子为自己的口无遮拦"背黑锅"，而是要学着让自己真正成熟起来。

## 脾气很直，爱人也受不了

很多人都会犯的一个错误是：将最大的耐心和包容给了陌生人，而将最坏的脾气给了最亲密的人。

小晴一直是朋友眼里最幸福的女人。大学毕业后就嫁给了同班同学。婚后的小晴很快过上了相夫教子的生活，而丈夫的事业也一直处于上升状态。但是很快小晴就发现，丈夫的脾气变得越来越暴躁，跟她说话的时候也是一脸的不耐烦，再也不是以前温柔体贴的他了。

又是凌晨时分，丈夫带着酒气回到了家。还重重地关上了房门，本来已经浅浅入睡的她被吵醒了。"你轻点，别人睡觉呢！"小晴不悦地说道。然而丈夫却一副爱答不理的样子，小晴有些生气了，忍不住唠叨了起来："你每天都这么晚回家，真不知道在外面干什么呢……"

"我还能干什么！还不是忙生意，忙着赚钱！"丈夫站起来冲着她吼道。

"你这么凶干吗！我问你还不是为你好！你每次跟我说话都这么不耐烦！"小晴觉得很委屈。近来丈夫的脾气变得更加喜怒无常了，动不动就冲她大喊大叫，这让她真难以忍受。

"我每天在公司里对每个人都要笑脸相迎，已经够累了，你还要我怎样！我在自己家里还不能随心所欲地说话吗？对着我自己的妻子，我还需要小心翼翼吗？我活得有多累，你理解吗？"丈夫冲着小晴又是一阵大喊大叫。丈夫的操劳和辛苦她都看在眼里，也很心疼他。因为知道他是个直性子，所以，小晴以前也从不计较什么，但没想到他现在却说出这样的话，这让小晴非常伤心。

故事中的两个人是生活中最常见的众生相之一。在工作中打拼的男人，有诸多场面需要应付，周旋于上司、同事、客户以及其他各色人等之间，笑脸相迎也逐渐成为常态。即使是毫不遮掩的直性子，很多时候想发的脾气、想生的气，也不得不憋在了心里。但是情绪总是需要宣泄的，否则放在心里太久容易积郁成疾。那么这些积攒的负面情绪发泄的出口在哪里呢？身边那些最亲密的人自然就成了"躺枪者"，就像故事中的小晴一样，为丈夫的不良情绪"背黑锅"。尤其是在面对最亲近的人时，这些人更容易放下自己的谨慎、体贴和细心，露出尖锐、刻薄、暴躁的一面，就如同一只愤怒的刺猾，谁离得最近，便伤谁最深。但爱人都是无辜的，他们不应该成为这些坏脾气者的"出气筒"。因为是他们，陪伴我们度过了艰难困苦，并给予了我们无限的温暖和扶持。而不加修饰的直性子却是摧毁这份温情的炸弹，我们无心或者有意地横眉冷对，都会像一盆盆冷水一样浇在他们心上。如果作为直性子的我们不知反思、不做改变，终有一天爱的火焰会被浇灭。

在一家精致的咖啡馆里，小王和张总相对而坐，两个男人都陷入了沉默。此时的洽谈已经进入了白热化的阶段，双方因为各自的利益谁也说服不了谁，而且谁也不想让步。就在这时，小王的手机突然响了，是他妻子打来的。小王没有匆匆挂断，而是向对面的张总点头示意，张总礼貌地伸出手，做出"请便"的姿态。只见小王深吸了一口气，调整了一下心情，用轻松愉快的语调接起了妻子的电话。

"喂，我这里还好，并不是很忙，一切都很顺利。我待会儿就可以忙完，晚上会早点回家！"小王语气很温柔，就像他和妻子已经分别了很久一样。其实他们早上才分开。

"你看你，还是那么不小心！没关系，你等着我回来做就好！你饿了就先点外卖，我回来给你做好吃的。"

"不好意思，张总，让您久等了。"挂了电话，小王向张总表示歉意。

对面的张总并没有生气，他只是非常好奇，是什么人能够让一个刚才还锋芒毕露，甚至有点红眼的年轻人，瞬间就变得温柔无比。

"是我的妻子，她怀孕了，像小孩一样，自己待在家里无聊，煲汤又不小心弄咸了，打电话问我怎么办。呵呵。"说着他便笑了起来，那神情就像在说一个小孩子，眉眼间和语气里充满了骄傲和宠溺。

这时，一直若有所思的张总突然开口了："我决定跟您合作。"

小王有点不敢相信自己的耳朵，毕竟刚才他还和自己争得不可开交呢！

"这……这是真的吗？"小王难以置信地看着张总问道。

"对，能在这种情况下还对自己的妻子如此温柔的人，我想你肯定也是个对工作细心负责的人。"张总笑着说。

故事中的小王在充满火药味的环境中，能立刻调整好心态，对妻子说话时可以不受外界环境的影响，这是一种体贴，更是一种修养。

家是温馨的港湾，需要用爱来守候。既然我们愿意每天用精致的妆容示人，用优雅的谈吐交流，用文明的方式沟通，那何不试着在最亲密的爱人面前收起自己的锋芒，对他们多一份体贴与谅解，多一份关爱和包容。

## 随心所欲，就会到处碰壁

这个世界上没有绝对的"自由"。在各种规章制度和道德的条条框框的限制之下，思维的小球才能"随心所欲"地蹦蹦跳跳。

这家公司会议室的门紧闭着，里面正在进行着紧张的面试。而走廊上还有不少神色紧张的面试者不是低头冥想，就是在翻阅资料。不过其中却有一个人轻松地跷着二郎腿，斜靠在座椅上，同样是一脸的紧张，但和别人紧张的原因不同，他是在打游戏！边打嘴里还不时地喊着："要死了！""打死他！"

旁边早就有人看不下去了，忍不住出声制止道："麻烦您小声点，可以吗？在这里不要大声喧哗。"

对于别人的制止，开始他还有所收敛，但是不久之后又恢复了常态。随之而来的制止声也变成了责备：

"你能不能小声点啊，我们还要面试呢！"

"要打游戏可以出去打，你到底是不是来面试的？"

面对他人的质疑，他一副云淡风轻的样子，还略带骄傲地说："当然是了，不然我坐在这里干吗！"

"那你不准备一下吗？你是第几号啊？"

"到了不是会有人来叫吗？准备？有什么好准备的！这不是早就应该完成的事吗！嘿嘿，我是个直性子，想到什么说什么，想做什么就去做。人嘛，就应该这样，何必太委屈自己呢？大家说，对吧？"他振振有词地对质疑他的人说着，说完后他又接着打游戏，并在心里为自己的言辞沾沾自喜，认为这是他的"生活态度"。

终于轮到他了，他直接推门就进了会议室，当着众多面试官的面大大咧咧地一坐。本来衣着就随意，还有些不修边幅的他，已经让面试官们十分不满了。再加上他的举止随便，更让面试官们觉得不舒服。

"我是个直性子,不喜欢拐弯抹角,也不喜欢搞那些虚的东西。"他一开口,就有面试官皱起了眉头。短短的三分钟后,他就被"请"出了会议室。

"这都是我面试的第五家单位了!怎么还是这样?此处不留爷自有留爷处!"说完,他就大摇大摆地离开了这家公司。

故事中"直性子"的他将自己的性格演绎得"淋漓尽致",甚至已经到了随心所欲的地步。在公共场合,甚至在面试单位这样严肃的场合中,他都依然我行我素,不顾别人的看法,忽视基本的礼仪和制度,最终只能是碰壁。

直性子的人说话可以直来直去,不带一句开场白;直性子的人做事可以不拖泥带水,没有一点多余的客套。但是这并不代表直性子的人拥有不尊重别人、不分场合、由着自己的性子随心所欲、想干什么就干什么的特权。每个人在不同的场合、面对不同的人时,都扮演着不同的角色,而对于不同的角色在语言、行为、举止上都有着不同的要求。作为一个成年人,我们要明白自己所处的环境和所扮演的角色,并控制住自己体内时刻想要随心所欲、肆意而为的"洪荒之力"。

因为一个人的形象中带着他走过的路、遇见过的人,以及读过的书。一个人的言行举止代表着他的阅历和见识,这是一种修养,更是一种品质。而直性子的人直爽而不掩饰,率真而不做作,这是一种阳光般吸引人的魅力,让人不自觉就会产生信任感和亲近感。但是言谈举止如果不顾及场合、不考虑他人的感受,那么带给他人的将不是春风般的温暖和亲切真实的感受，而是让人不自觉地厌恶和反感。人和动物的区别就在于：人存在廉耻心，即能够根据外界的反应而及时调整自己的行为，能够运用相对合理的道德观和法律意识进行自我约束。

耿亮的为人就如同他的姓氏：耿直而简单。和他关系铁的人都知道："他这个人就这样。"但是对于那些初次见面的人来说，耿亮的待物接人还真有点让人接受不了。朋友和家人给他介绍了不少女朋友，但是很多女孩都受不了他这种大大咧咧的性格，基本是吃过一顿饭之后就没了下文。

这一天，耿亮神神秘秘地请了几个好朋友吃饭，席间他告诉了大家一个好消息：他订婚了！

"你？什么时候的事？"

"哎哟，就你这样的性格，还有人愿意把闺女嫁给你啊？"朋友们纷纷质疑着。

"士别三日还刮目相看呢！你们不能这样瞧不起人！"面对朋友们的质疑，耿亮一脸严肃地说。

原来，在相亲中的屡战屡败，让耿亮很着急，他开始反思。当他明白了是自己的太过于耿直的性格造成的时，他决定改变自己。和别人在一起吃饭、说话时，耿亮不再随心所欲了。在和一个女孩聊过几次后，双方的感觉都还不错，于是就决定进一步交往。这个女孩也是性格直爽的人，所以也不是非常介意耿亮的耿直，反而称赞他是真性情。这让耿亮高兴坏了，心想自己近来的改变是有成效的。

女孩的家人邀请他去家里吃饭,从来不修边幅的耿亮,格外慎重,不但一身正装,而且还特意买了许多礼物。饭桌上,他的言行举止透着"绅士"风度,女孩的家人对他的表现非常满意,称赞他老实、礼貌,是个"靠得住"的人。

听完他的讲述,朋友们恍然大悟。

"哈哈!你小子终于开窍了啊!"

"真没想到你竟然也有改掉坏习惯的时候。哎,你说你装腔作势的时候是什么样的啊?哈哈哈……"朋友们纷纷打趣着耿亮。

"开始的时候是有一点装,但是现在不是了。以前是没顾及别人的感受,有什么对不住的地方,你们就忘了吧!"耿亮不好意思地对打趣他的朋友们说。

故事中的耿亮改掉了自己随心所欲的毛病,终于抱得美人归。随心所欲的确舒服,但是舒服了自己,却让别人无所适从,久而久之,还会让自己在生活中处处碰壁。所以不管是不是直性子,做人还是要讲究一点。因为只有我们自己讲究了,别人才会对我们讲究。

## 锋芒毕露,可不是什么好事

中国有句俗语叫"枪打出头鸟",说的就是锋芒毕露所带来的后果。因为锋芒毕露,有时候会被别人看作是一种炫耀、一种张扬。而一次性亮出自己所有的底牌,不但容易暴露自己所有的长处,而且更容易被人找到软肋。

吴震刚毕业就进了一家大型私企。上学的时候他就是一名很优秀的学生,在学校的表现也非常突出。在沉闷的大学课堂里,他不但是积极举手回答问题的"好学生",而且还是学校社团活动中的风云人物。初入社会的他,当然也准备大显身手了。

"……以上就是我的意见。"会议室里充斥着吴震充满自信的声音。领导眼角带笑地示意他坐下。在吴震看来,这是对他刚才发言的肯定。

吴震在单位越来越找到"感觉"了,看着自己的意见被重视,他很有成就感,那种在大学里呼风唤雨的感觉又回来了。当然,在公司短短的半年时间里他也取得了一定的成就,这也让他更有动力向前"冲"了。

"这件事就交给我去办!"

"这个不能这样!"

"你应该这样才对!"吴震经常这样和同事说话。

他本来就是个直性子,在工作中说话比较直接,但这样的说话方式却让同事们非常反感和受不了。甚至有一次在会议室里,吴震当众跟上司争执起来。这让当时在场的人都非常尴尬,其中不乏一些幸灾乐祸的人。

"这么厉害,指不定哪天吃亏呢!"

"就是,仗着年轻就不知道自己几斤几两了。"

"他这样啊,迟早吃亏!"同事们在背后对他议论纷纷。

渐渐地,吴震也发现办公室的同事在疏远他,一些闲言碎语他并不是没听到，但是他认为这是别人"嫉妒"他。更令他没想到的是，有一个小项目出现失误后，所有同事竟然都将矛头指向了他！而平时积极热情的他，此时却有口难言。

不少直性子的人就像故事中的吴震一样立志要在工作中大展拳脚，于是猛冲直撞；或已经有所成就，想要更上一层楼，并开足马力。而"枪打出头鸟"，这句话经过时间和事实的证明，还是非常有道理的。故事中的吴震初来乍到，就已经锋芒毕露了。不但能力突出，还取得了一定的成就。在与同事们日常的相处中，他的言语又给人一种太过尖锐、很不舒服的感觉。尤其是作为新人的他锋芒毕露，有的人可能会认为这是一种炫耀，也有人会将他视作对手。因为一个人一旦被贴上这些含义复杂的标签，就会给他的人际关系带来很多不必要的麻烦。所以有时候招风的不仅仅是大树，太过显眼的树也自带"招风体质"。

陈静参加工作已经两三年了，按理说她已经算是公司里的"老人"了，但是同事提起她总是觉得她依然是一副"新人"的样子：文文静静，话又少。而大家也都知道陈静绝对不是公司里可有可无的"透明人"。

陈静是设计专业毕业，不但专业技能熟练，而且软硬件条件都不错。她刚进公司，就赶上了几个大的设计方案，而她表现得很出色，让同事们刮目相看。但她还是像往常一样，上班、加班，一点也不含糊。有时候即使受了委屈，也能一笑而过。久而久之，办公室里就再也没有人会主动对她"鸡蛋里挑骨头"。

坐在陈静对面的实习生小利，经过和陈静两个月的相处，非常羡慕她身上的那种安静和沉稳，就如她的名字一般"沉静"。于是她就向陈静"取经"，如何才能修炼得如同她一样。

陈静一听，就笑了。

"我哪有什么修炼方法啊，我只是觉得过刚易折，锋芒毕露会招来一些不必要的麻烦，所以把时间都花在认真工作和认真生活上了。不用随时随地的都像刺猬一样把自己所有的武器都亮出来，这样会让别人产生戒备心理，也容易暴露自己的软肋，说不定什么时候就会吃亏呢。"

故事中的陈静，看似在办公室里不温不火地存在着，但是她的工作能力强，为人内敛沉稳，让她得到了同事们的尊重和认可。正如她所言，她没有像刺猬一样将自己所有的锋芒全部外露，而是把时间都用来认真工作和经营自己的生活了。这是一种非常明智的做法。

收敛锋芒，是一种智慧。这样的人不会给自己招致无端的麻烦，不会让人觉得是在"卖弄"，更不会遭人嫉恨。收敛锋芒，又是一种含蓄的力量，更是一种冷静、稳重的气质，给人以亲切感。作为领导不露锋芒，会让同事和下属觉得平易近人，工作自然轻松，也容易取得好的成绩。作为员工不露锋芒会让人觉得有深度，不肤浅，也会给人谦虚、好学的印象，工作也会一帆风顺。

一个人不仅在外面，而且在家里也要注意收敛锋芒，不能让自己身上的"锋芒""伤害"到家里人。现在有很多家庭关系不和谐，就是因为伴侣中的一方太过于锋芒毕露。伴侣中的一方如果取得了较高成就,会不自觉地产生一种"自豪感",这是非常正常的。但是,如果伴侣中的另一方在事业上并不如自己,这种"优越感"就会被放大,不经意间它就会融入伴侣间的语言中,久而久之,就会影响家庭生活的和谐。家是温馨的港湾,是讲情的地方,不需要争高低,更没有输赢之分。因此要想生活幸福,就要学会收敛锋芒。

太过耀眼的光芒也会刺伤别人的眼睛。同时锋芒既是一种铠甲,一不小心又会变成软肋,所以锋芒毕露可不是什么好事。

## 太偏执,你的眼前只能一片漆黑

一个人的偏执就像是挡在眼前的那片叶子,虽然不大,但却可以挡住全世界,令人眼前一片漆黑。

大森是学美术的,后来又自学了电脑软件,现在,他主要做平面设计。大森对自己的作品有着独特的见解,他说这叫对艺术的态度。但是在别人眼里,他却是个偏执的人。

刚从上一个公司辞职的大森,又开始寻找新的工作。其实平面设计方面的工作一点也不难找,只是他在面试中不是直接和对方"意见相左"而被拒绝,就是在工作中,因为他的固执被上级批评,所以他只有带着"怀才不遇"的郁闷,愤愤离去。

不久后,大森又开始上班了,他熬夜赶出了一张设计图,但是领导和客户都不是很满意,并提了一些修改意见,让大森拿回去再修改。他们认为不好的地方,在大森看来恰恰是最能突出自己创意的地方,所以他就坚持不改。最后领导下了命令,让他回去必须改,大森当时没说话就回去了。但是第二天见客户时,样品依然没有修改。客户当时就不满意了,要取消合作。领导也有点着急,责备地问他:"你是怎么搞的?不是让你修改了吗?"

谁知大森当时站起来就说:"你们有没有欣赏水平?这样的设计都看不上!我就要坚持我的想法,我相信一定能成功的!"

领导被大森的话气得不轻,当场就发火了,说道:"好!我没有水平!你现在就回家去吧!你就守着你的偏执等着成功吧!"

"走就走!"大森说着转身就走。他坚信自己这匹千里马一定会遇到伯乐,但是好几个月过去了,大森依然没有找到一份稳定的工作。

故事中的大森,是带着理想追梦的年轻人。但是他在追逐自己梦想的时候太过于固执,听不进去别人的意见,不能接受别人的质疑和批评。同时也为他的偏执付出了很大的代价:每份工作都干不长久,还经常和他人发生冲突。

心理学中,有一种人格障碍叫作偏执型人格障碍。这种人经常会陷入难以自拔的痛苦中而又不配合治疗,并对自己的病情完全持否认或辩解的态度。他们也意识不到自己的行为有何偏执之处,也就是我们常说的没有"自知之明"。他们即使意识到了这种情况,也很难做出改变。据调查资料显示,具有偏执型人格障碍的人占心理障碍总人数的5.8%,而实际情况可能还会超过这个数字。偏执的人即使向别人求助,得到的指导和帮助也有限,而依靠他们自己又很难取得明显的效果。因此，让他们最终陷入了一个恶性循环，这给他们的生活和人际交往带来了严重的困扰。

在日常生活中，直性子的人都会或多或少地有些固执，甚至偏执。一般情况下，男性更容易偏执。他们通常很固执，生性敏感多疑，时刻保持着警觉。而偏执的人往往自我评价过高，容易以自我为中心，一旦出现问题就会把原因推诿给别人，并拒绝接受批评。他们对挫折和失败过分地敏感，不允许自己受到质疑，一旦被人质疑，他们就有可能出现争论、诡辩，甚至攻击别人的行为。

李胜升入了高中。由于同学间互不相识，老师对大家也不够了解，于是，就指定了当时成绩还不错、人也长得高大的李胜暂任班长。但是在担任班长期间，李胜经常和同学闹矛盾。原来班里的所有事情，他都不和大家商量，而是他自己直接下命令，还不许大家提意见。久而久之，大家对他意见很大。最后在同学们的强烈要求下，他被撤了班长之职。

对此，李胜起了疑心。他怀疑是某些同学在老师那里故意打他的小报告，嫉妒他的才干，为难他。觉得自己受到了大家的排挤和压制，因此对被撤职之事一直耿耿于怀。他认为老师不相信他，而他并没有做错什么，这样对他很不公平。愤怒的李胜指责、埋怨过老师和同学之后，还因为这事找借口和别人发生了冲突。开始时大家都耐心地劝他，跟他讲道理。但是李胜总是不等别人把话说完，就打断别人，急于为自己申辩。他甚至把大家对他的好言相劝当作是恶意、敌意。到最后李胜都有些无理取闹了，见状，同学们也都不愿意与他交往了。

他的父母看着他的样子非常着急,最后找了心理医生。在开导他的同时,还配合药物对他进行治疗和调节。经过很长时间的治疗后,李胜的精神状况才慢慢好转。

故事中的李胜因为性格的偏执,导致人际关系恶化,这给他的生活带来了很大的困扰,最后不得不采取医疗手段来进行治疗。

其实,每个人的性格中都会有些固执的成分。这种固执如果用对了地方,就是一种非常优秀的品质,叫作坚持。这种坚持会让一个人变得更有毅力,更有主见。当然,前提是这种想法是正确的,这样在生活中才会变得更独立。

直性子的人想要做到这一点,首先,要学会正视自己,敢于面对真实的自己,勇于承认自己的偏执,这是做出改变的第一步。其次,还要多和他人交往,在交朋友的过程中接触不同的人,学习与人相处之道,让自己的生活充满阳光,从而驱散因为偏执给自己带来的阴霾。

## 要想活得滋润,得理也要让三分

人非圣贤,孰能无过。得了理,也别不饶人,让别人三分,给别人留条退路,也是给自己留余地。

王朝是一家事业单位的老员工,仗着自己在单位工作时间长,就自居为领导,经常指使新来的员工帮自己做事。同时王朝是一个

"直性子"，不高兴了就会说新来的实习生几句，还经常得理不饶人。

李多多是今年新招进来的应届毕业生。刚参加工作，王朝让她干活，她就干，也不敢说什么。但时间久了，李多多发现，这些其实不是自己分内的工作。

李多多找到王朝，对他说："这些工作不是我分内的，我不想再帮你做了。我自己的工作也很多。"

王朝听了这话，很不开心。他觉得自己的"权威"被挑战了，但是除了苛责李多多几句，他也不能做什么。这件事情就这么过去了。

几天后，李多多上班吃零食被抓到了。领导让王朝跟李多多说一下，以后不要这样了。王朝开心坏了，狠狠地骂了李多多一通，见到谁，就跟谁说这件事。

李多多知道了，并没有说什么。她改掉了自己的毛病，努力工作。后来，李多多通过考试，成了王朝的领导。

故事中的王朝记恨李多多不帮自己干活，挑战自己的"权威"。于是，在抓到李多多的痛处之后，"得理不饶人"。我们常说，得饶人处且饶人，给别人留点余地，日后也好相见啊。

得理让三分，一是给自己留退路。言辞不要太过于极端，这样才能从容自如地处理彼此的关系；二是给别人留条退路。不管在什么样的情况下，都不要把别人逼向绝路。如果对方没了退路，也许会做出一些过激的行为。当然这样的结果是任何人都不愿意看到的。

得理让三分，不让别人为难，同时也是不让自己为难。别人轻松了，自己也可以获得解脱。

而得了理不让人的人，大多是有主见的"直性子"，他们自认为占了理，所以就毫无顾忌地教训别人。如果对方辩驳，也许还会引发争吵。因为他们不允许对方发表不同的意见。而这种做法，除了让双方关系破裂，其实没有任何意义。得理让三分并不是怯懦，而是真正的大度和得体。

得理不饶人，看起来好像是在坚持"正义"，可实际上，这是不合理的。正义是什么，没有一个绝对的标准。每个人看问题的角度不一样，自然对正义也就有着不同的看法。所以下次遇到了占理的事情，别太过分"讲理"。

唐代有一位名臣叫郭子仪，历经四朝，权倾朝野。他常常向帝王直言进谏，却一次又一次安然地躲过政治事件，一生安享富贵。

而他这样的"直性子"，却能在国君昏庸的时代享尽富贵，并安然离世，这都是因为他做事的原则：得理让三分。再加上他性格豁达，能长寿，也就不足为奇了。

郭子仪在担任兵马大元帅时，皇帝身边有一位宦官叫于朝恩。于朝恩擅长拍马屁，深得皇帝的喜爱。他十分嫉妒郭子仪的权势，经常在皇帝面前说郭子仪的坏话，但是皇帝并不是很相信他。

愤懑之下，于朝恩指使自己的手下，挖了郭家的祖坟。此时，郭子仪并不在京城。

当郭子仪从前线返回京城的时候，所有的官员都以为他会杀掉这名宦官。但是他却对皇帝说："我多年带兵，士兵们也曾盗挖过别人家的坟墓。我郭家祖坟被挖，是我的不忠不孝，并不能过度苛责于别人。"

祖坟被挖,在历朝历代都被视为奇耻大辱。而郭子仪在占理的情况下,却还能这么大度,可见,他是一个胸怀开阔的人。或许正因为如此,他才得到了官员们的敬重,每次都能从政治事件中全身而退。

现代社会,人们喜欢谈"真诚",强调直言不讳。这就导致了很多人有什么说什么,不太在意别人的感受。而这些"直性子"的人,好胜心也强,他们常常锱铢必较,喜欢与对方辩驳,以此证明自己是对的才善罢甘休。如果在某一件事情上占了理,他们可能就会变本加厉。

但每个人都会做错事,既然自己也会犯错,就要允许别人犯错。换位思考一下,假如自己犯了错,别人揪住不放,你心里又会是什么感受呢?

得理不饶人,其实就是不擅长处理人际关系和复杂的事情。而这样的人,太过于主观,会在学习、生活中吃亏。人们常说,我敬人一尺,人敬我一丈。做人做事,留三分余地,对己对人都有好处。

## 交情浅,就不要言过深

宋代文学家苏轼曾在《上神宗皇帝书》中写道:"交浅言深,君子所戒。"这是说与人交往,切忌交浅言深。

在一些直性子的人看来,与人交往就应该知无不言,这样才不失其光明磊落的个性。其实不然。与一个交情不深的人来往，就要把握好与对方沟通的尺度，快言快语有时会给自己或者他人招来麻烦。

潘瑜换了一家新公司，办公室的同事们看起来都很友善。中午，大家一起去附近的餐厅享受美好的午餐时间。吃饭过程中，大家有说有笑、无所不谈。其中一位同事小张似乎与潘瑜特别合拍，悄悄地把在座的每一位同事都介绍给她认识。

"坐在你右边的是曹主任，他这个人平时特别刻薄，你以后和他打交道要小心。"

"那个是小琪，人如其名，特别'小气'，少和她来往。"

"你对面的是王建，他是个'单身狗'，对每一位女同事都不安好心，你可要注意。"

对于初来乍到、对公司人际关系一无所知的潘瑜而言，小张的话无疑给了她很大的帮助。因此自然对眼前这位"知无不言、言无不尽"的同事表达了感谢的同时，内心也产生了一股亲切感。潘瑜本来就是个直性子，所以什么事、什么话都藏不住；工作中、生活中无论遇到什么问题，她都愿意向小张倾诉；有时还会和她一起批评其他同事的不是之处，以此发泄内心的郁闷。

不过后来发生的一件事让潘瑜十分后悔。

"潘瑜，你凭什么在别人面前诋毁我！"小琪生气地质问她。

"我什么时候诋毁你了？"潘瑜虽然心虚，但还是理直气壮地反问小琪。

"小张都告诉我了，你还抵赖，没想到你这么虚伪！"小琪说完就气呼呼地走了,留下自尊撒了满地的潘瑜。同时她也明白了,这件事一定是小张说出去的,不由得暗自悔恨自己交错了朋友,说错了话。

都说"来说是非者,便是是非人"。故事中的小张虽然不厚道,但是潘瑜的直性子,让她犯了交浅言深的大忌。进入一个新环境,倘若只为一时之快而说了不该说的话,就会落把柄在他人手中,让对方多了一张打赢自己的牌。

人与人之间的相处最重要的就是交流和沟通,最困难的也是交流和沟通。特别是直性子的人,只有把握好与人沟通的尺度,才能得到更多人的喜爱和尊重。

但是很多直性子的人不懂得与人交流的技巧,即便是与一位才见两次面的人接触时,在彼此并不了解的情况下,都会肆无忌惮地和对方开过分的玩笑,或者说一些不得体的话。他们本以为这种幽默能够融洽双方的关系,谁知竟让对方产生了排斥心理。因此开玩笑也要分场合、分人,否则直来直去很可能破坏自己的人际关系。

还有些直性子的人经常把刚刚相识的人,当作多年老友或者知己,毫无顾忌地把自己的烦恼愁绪、理想抱负或者鸡毛蒜皮的小事告诉对方。倘若对方是小人,那么他掌握了这些信息后很可能对他们不利;反之,如果对方是君子,也会反感这种交浅言深的行为。

圣人孔子曾说:"不得其人而言,谓之失言。"意思是在并不了解对方的情况下与之深入交谈,这就是一种失策。一般而言,见人只说三分话,才显得更为成熟稳重,让人佩服。

如今居住在城市里的人们，邻里之间的亲密沟通比较少，但小区里依然少不了张家长李家短的八卦消息。

"听说你们的邻居是新搬来的，哪儿的人，人品怎么样？"小李总是听隔壁的人抱怨这新邻居"没素质"，便借机问一问楼上的老张。

"人家刚来没几天，我也没和他们打过交道，哪里知道人家的情况？"老张平时和小李不怎么往来，便含糊地说。

"你们是邻居，难道还看不出点端倪来？我们从来没见过这家的男主人，不会是单亲家庭吧？"小李刨根问底地说。

"不清楚，可能人家工作忙不常回家吧。您在这儿歇着，我得去买菜了。"老张说完就起身走了，小李只好找其他人打听。

故事中的老张深知小李的心思，但身为邻居，他清楚，随意透露他人的隐私，既不合情，也不合理。于是，他三言两语便应付了小李，避免了交浅言深给自己带来的麻烦。

交情浅而不言深，在生活和工作中都非常适用。例如，员工与领导总是抬头不见低头见，但很多员工和领导都谈不上交情很深，因此与领导之间的交流要把握好分寸。特别是直性子的员工，切忌和领导交浅言深。如果领导就一些敏感话题向你征询意见，你也要懂得三思而后行。在坦诚的同时把握好"度"，不要随便打开天窗说亮话，否则，就会让自己陷入"得罪人"的境地。

面对泛泛之交，特别是一般同事的诉苦，更要做到交浅不可言深。同事间的关系比较特殊，有时是搭档，有时又是竞争对手，如果贸然对同事知无不言，很可能是在给自己"挖坑"。因此为了保护好自己,不要轻易与不常往来的同事言之过深,只要合乎情理、不失礼貌就好。

很多直性子的人会问,"如果不对他人坦诚,怎么可能交到好朋友呢?"其实,友情都是在交往的过程中逐步建立的,见一面便成为挚友的情况并不多见。所以一段好的人际关系要靠后期的经营与呵护。

"平衡理论"告诉大家,当双方相互喜欢,而且有很多相似点时才能表现为平衡。不过每个人都有自己独特的思维和行为方式,与别人拥有共同点并不容易,因此,在交往过程中,直性子的人要多观察和体会对方的一言一行,在相互了解和关心的过程中拉近彼此的关系。

## "巧舌如簧"不如"沉默寡言"

"信言不美,美言不信。善者不辩,辩者不善。知者不博,博者不知。"

博雅是一家杂志社的编辑,刚工作两年,有时候,会有一些采访任务。但两年了,她写的采访稿还是很空洞。

每次去采访,她的提问都循规蹈矩,问题也总是"您是如何想到这些的?""您认为是勤奋造就了您的今天吗?"这些问题根本问不出实质性的东西,因为太官方了。博雅很佩服自己的师傅纪灵,她的采访稿总是阅读性很强。

一天，博雅跟着纪灵去采访，结束之后，两人去吃饭。其间谈到了一个问题。博雅是个直性子，她不服气，就想反驳，即使对方是自己的上级。

纪灵对她说："现在，拿出你的能力，跟我辩论。你总是自诩能言善辩，我就看看你有几分本事。"

最后，博雅被纪灵说得哑口无言，又十分气愤，却说不出一句话。同时博雅第一次发现，这个脾气温和，平时不太爱说话的总编，原来是一个如此善辩的人。

纪灵对她说："博雅，你记住，我们是记者，不是律师，采访别人，是要引导对方说出我们需要的内容，而不是与对方辩论。能言善辩的人，不一定事事都要与人争执。"

作为一名采访者，总是与人争辩，不仅不能得到采访对象的认同，还会让别人感觉你是一个很浮躁的人。直性子的优点是：可以让别人迅速了解你内心的想法。但性格之中的缺陷，还是要改掉。比如：牙尖嘴利。很多人会把牙尖嘴利误以为是能言善辩，而能言善辩，本质上指的是会说话，并不是把人说得哑口无言。能言善辩的人，能灵活运用各种理论依据，让对方接受自己的说法，但并不会让对方感觉到厌烦。一些直性子的人，恰恰就把握不了这个尺度。他们不懂得说话的分寸，只顾着表达自己的想法，最后让人讨厌也是无可厚非的。

能言善辩的人明白，要让别人信服不是必须让他人哑口无言，而是在交谈中，让别人感觉舒服，因为他们清楚这一点，所以才不会轻易开口。试想，你找某个朋友去玩，结果因为一件小事，争论起来了，你被对方说得哑口无言，你心里是什么感受？所以说话不能只追求自己尽兴。

心直口快的人，与人交谈的时候，一定要注意倾听。认真倾听，才能真正了解别人的想法，也能让对方感觉到，他受到了尊重。什么场合说什么样的话，知道什么时候说话是最佳时机，比说话本身甚至说话的内容更重要。某些时候，即使你什么都没说，或许比滔滔不绝地说更能获得对方的好感。当他人与自己的想法不一致时，接受并且给予对方表达的权利，是一个成熟的成年人必备的修养。

在美国加州，有一位叫寇蒂斯的医生，是个热心的棒球迷。闲暇的时候，他经常去看棒球比赛。此外，他还加入了附近的蒂姆棒球俱乐部。

周末，蒂姆棒球俱乐部举行了第一次球员宴会，寇蒂斯虽然是新加入的成员，但因为棒球打得比较好，所以也被邀请了。寇蒂斯早到了一会儿，跟球员们聊了几句，宴会就开始了。

宴会上，在侍者送上咖啡与糖果之后，大家聊起了自己喜欢的棒球明星。

俱乐部的主人，也是宴会的主办者之一，杰克逊说道："我最喜欢赛扬，全联盟投手的最高荣誉就是赛扬奖，他真是一名伟大的球员。"

宴会的赞助人赖斯非常赞同杰克逊的说法，说道："赛扬是很厉害。我呢，最喜欢的是铃木一郎。在日本和美国是像神一样的球员。

我超级喜欢他。"

"我也喜欢铃木一郎，他确实很棒。"一名球员附和道。

"赛扬也还好吧，也并不是那么厉害。最佳球员好像已经不是他了。"说完赛扬，寇蒂斯又开始说铃木一郎，"美国球手才是最厉害的，日本选手就是再厉害，也是受我们的影响。"

寇蒂斯是个直性子，听大家聊起棒球，就说了自己的想法。

大家开始不太喜欢他的言论，只是温和地表示不同意见，后来，这场宴会就变成了寇蒂斯与他人的辩论赛。

几次三番之后，大家就受不了了。

一名年轻的小伙子，出来制止了他的言论，说道："大家并不喜欢你的辩论。"

小伙子的话让宴会得气氛变得很尴尬，本该进行到十点的宴会，不到八点半，大家就推脱着早早离开了。

辩论，在日常生活中，并不是一种有效的交流方式。一个人想要获得他人的认同，提升自己的自信心、勇气和能力，不是与别人辩论几句就可以做到的。能言善辩，不是什么难事，几乎每个人都有能言善辩的潜力。但是我们的生活不需要常常与人争辩，因为简单快乐才是生活的基调。

那些没有大智慧，却"能言善辩"的人，不管什么事情都要争个高低，说起话来不饶人，非要对方信服才住口。这样只能让他们的人际关系变得越来越糟糕。

而沉默是一种大智慧，真正有内涵和城府的人，不会轻易开口

"显摆"自己。他们懂得倾听、忍让别人,有广阔的胸襟,能接受他人的不同意见,而且说服别人,也不是一件容易的事情。在说服对方的这个过程中,我们自己也会遭受来自对方的攻击、怀疑和拒绝。既然改变别人不容易,那就停止与别人的争辩。能言善辩不可怕,可怕的是,有些直性子的人养成了能言善辩的习惯,而这种习惯会带来一系列的负面效应。如果有一天,真的需要辩论了,那些已经把能言善辩当成习惯的直性子们,还是先做到"持之有故,辩之有理"再开口吧。

# 第四章

## 学会说『不』的艺术，拒绝也不伤感情

## 找个人替你说"不",不伤大家感情

在拒绝他人的诸多妙法中,有一种比较艺术的方法就是推诿法。

所谓推诿法,就是以别人的身份表示拒绝。这种方法看似推卸责任,但却很容易被人理解:既然爱莫能助,也就不便勉强。

有个女孩子是个集邮爱好者,她的几个好朋友也是集邮迷。一天,有个小朋友向她提出要换邮票,她不同意换,但又怕小朋友不高兴,便对小朋友说:"我也非常喜欢你的邮票,但我妈不同意我换。"其实她妈妈从没干涉过她换邮票的事,她只不过是以此为借口,但小朋友听她这样一说,也就作罢了。

有时为了拒绝别人,可以含糊其辞地推托:"对不起,这件事情我实在不能决定,我必须去问问我的父母。"或者是:"让我和孩子商量商量,决定了再答复你吧。"

这是拒绝的好办法,假装请出一个"后台老板",表示能起作用的不是本人,既不伤害朋友的感情,又可以使朋友体谅你的难处。

人处在一个大的社会背景中，互相制约的因素很多，为什么不选择一个盾牌来挡一挡呢？如：有人求你办事，假如你是领导成员之一，你可以说，我们单位是集体领导，像刚才的事，需要大家讨论才能决定。不过，这件事恐怕很难通过，最好还是别抱什么希望，如果你实在要坚持的话，待大家讨论后再说，我个人说了不算数。这就是推托之词，把矛盾引向了另外的地方，意思是我不是不给你办，而是我决定不了。请托者听到这样的话，一般都要打退堂鼓。

一个年轻的物资销售员经常与客户在酒桌上打交道，长此以往，他觉得自己的身体每况愈下，已不能再像以前那样喝太多的酒了。可应酬中又是免不了要喝酒的，怎么办呢？后来他想到一个妙计。每当客户劝他多喝点的时候，他便诙谐地说："诸位仁兄还不知道吧，我家里那位可是一个母老虎，我这么酒气熏天地回去，万一她河东狮吼起来，我还不得跪搓衣板啊！"

他这么一说，客户觉得他既诚恳又可爱，自然就不再多劝了。

所以，如果难以开口的话，不妨采取这里所讲的方法，找一个人"替"你说"不"，这样所有的责任都可以推得一干二净，别人也不会对你有所抱怨。

## 你的托词不能损害对方的利益

从对方的利益出发，掌握好说"不"的分寸和技巧，给对方一个能够接受的，并且不会伤害对方的托词十分重要。

随着社会的发展，人与人之间的交往越来越密切，也越来越复杂。比如，我们经常会发现办公室中谈笑风生的两个人，其实早已积怨很深。或者昨天还势如水火的两个同事，今天却亲密得俨如老友。从中我们可以看出，办公室中的人际关系确实让人难以捉摸。其实，我们每个人都希望能够得到他人的关注与理解。因此在职场上，我们要学会理解他人，要把握处理事情的分寸，尤其是我们因为各种原因而不能配合对方时，一定要从对方的利益出发，说好托词。

例如，在办公室里，你在拒绝别人请求时，如只是说"我很忙"，对方则会说你不爱帮助别人。所以，拒绝别人时，要具体地说明一下理由。

再如，你正忙着整理第二天重要会议的资料时，你的上司走过来对你说："先处理这份文件。"

这时，你可以明确地告诉他自己正在为第二天重要会议准备资料，然后让上司判断哪个工作更加急迫。

"是这样啊！你正在做的工作不尽快完成可不行，我的这份之后再弄。"

每个人总会有需要别人施以援手的时候，所以，多一个敌人绝对不是什么好事情。虽然我们避免不了拒绝的发生，却可以采取适当的拒绝方式，最大限度地避免因为拒绝而树敌。

经常有人会说出这样的话："这件事情恕难照办""我们每天都一样地工作，凭什么要我帮你的忙"……如果你听到些话，会是什么反应呢？你会很高兴很客气地说"既然如此，那我就不打扰你了，对不起"吗？恐怕不会吧。你一定会恼羞成怒地回击对方："你这个人讲话怎么如此无情！难道你一辈子就没求过人吗？"然后拂袖而去。

一般情况下，我们在拒绝别人的时候要注意以下几点。

1. 积极地倾听

当你拒绝别人的请求时，不要随口就说出自己的想法。过分急躁的拒绝最容易引起对方的反感，应该耐心地听完对方的话，并用心弄懂对方的理由和要求，让对方了解到自己的拒绝不是草率做出的，是在认真考虑之后不得已而为之的。

2. 用和蔼的态度拒绝对方

不要以一种高高在上的态度拒绝对方的要求，不要对他人的请求流露出不快的神色，更不要蔑视或忽略对方，这都是没有修养的具体表现，会让对方觉得你的拒绝是对他抱有成见，从而对你的拒绝产生逆反心理。拒绝对方要保持和蔼的态度，要真诚。

3. 明白地告诉对方你要考虑的时间

我们经常碍于面子不愿意当面拒绝他人的请求，而是以"需要考虑"为借口来避免直接拒绝对方，其实希望通过拖延时间使对方知难而退。这是错误的。如果不愿意立刻当面拒绝，应该明确告知对方考虑的时间，表示自己的诚意。

4. 用抱歉的话语来缓和对方的情绪

对于他人的请求，表示出无能为力，或迫于情势而不得不拒绝时，一定记得加上"实在对不起""请您原谅"等抱歉用语，这样，便能不同程度地减轻对方因遭拒绝而受的打击，舒缓对方的挫折感和对立情绪。

**5. 说明拒绝的理由**

在拒绝他人的请求时,不要只用一个"不"字就想使对方"打道回府",而应给"不"加上合情合理的注解,以使对方明白,自己的拒绝并非毫无理由,而是确有苦衷。

真诚地说出你拒绝的理由是非常必要的,它有助于你们维持原有的友好关系。

**6. 提出取代的办法**

当你拒绝别人时,肯定会影响他计划的正常进程,甚至使他的计划搁浅。如果你给他提供一些建设性的意见,则能减轻对方的挫折感和对你的怨恨心理。

**7. 对事不对人**

你要想方设法地让对方知道你拒绝的是他的请求,而不是他这个人。

总而言之,成功地拒绝别人的请求不仅可以节省自己的时间和精力,还可以免除由不情愿行为所带来的心理压力。但前提是,拒绝时必须不损害对方的利益。

## 拒绝要真诚,不能让人感觉你敷衍了事

当你不得不拒绝别人时,要想好一些真诚的托词,让别人从心眼里觉得的确是你能力有限从而不得不拒绝。

拒绝总是会让人感到不愉快。委婉拒绝无非是为了减轻双方，特别是对方的心理负担。特别是上司拒绝下属的要求时，不能盛气凌人，要以同情的态度、关切的口吻讲述理由，使之信服。在结束交谈时，一定要表示歉意。一次成功的拒绝，也可能为将来的重新握手、更深层次的交际播下希望的种子。

从事销售的小刘遇上一位工作狂的上司，很多同事都因此而"逃离"了，而她却能始终保持极佳的工作状态，她是怎么做的呢？

小刘说："一开始我也像他们一样以办公室为家，日日夜夜伏案工作，在我的字典里'休息'这个词似乎早就不存在了。后来我发现，工作狂的老板通常有一个思维定式：他们一般疏于考虑自己分配下去的任务量有多少，下属需要花费多长时间可以搞定，他们想当然地认为你应该没问题。所以，以后如果我觉得工作量过大，超出了个人能力所能达到的范畴时，我不会一味投身于工作中蛮干，要知道，不说出来的话，工作狂的老板是不会体会到你的负荷已经到了警戒线的。这也不能怪他，每个人的承受能力不同，老板又如何能体会到下属执行当中的难度与苦衷？这个时候，下属应该主动与老板沟通交流。口头上陈述困难或许有故意推托之嫌，书面呈送工作时间安排与流程，靠数据来说明工作过多，让他相信，过多的工作令效率降低。合理正确的沟通会令老板了解你的需求，从而适当调整任务量及完成时间，或选派更多的同仁来帮你分担。"

试想一下，如果小刘怕得罪上司而勉强接受所有任务，到时完不成任务更会受到上司的指责，如果因为自己不事先说明难度，最后又耽误公司整体事务,罪过就更大了。这种坦诚拒绝的方法不仅适用于上司,也适用于周围的同事。当然,坦诚拒绝也要讲究方式。

当别人向你提出请求时,一定会担心你会不会马上拒绝自己,或者给自己脸色看。所以,在你决定拒绝之前,首先要注意倾听对方诉说。比较好的办法是,请对方把处境与需要讲得更清楚一些,这样,自己才知道如何帮他。

倾听能够让对方感受到你的尊重和真诚,委婉地向对方表达自己的拒绝,可以避免使对方的感情受到严重的伤害。

倾听的另一个好处是,你虽然拒绝他,却可以针对他的情况,建议如何取得适当的支援。若是能提出有效的建议或替代方案,对方一样会感激你,甚至在你的指引下找到更适当的解决方案。

直接的拒绝只会伤害彼此的感情,而委婉地说"不"却更容易让人接受。当你仔细倾听了对方的要求,并认为自己应该拒绝的时候,说"不"的态度必须是温和而坚定的。

例如,当对方提出的要求不符合公司或部门的规定,你就要委婉地让对方知道自己帮不了这个忙,因为它违反了公司的相关规定。在自己工作已经排满而爱莫能助的前提下,要让他清楚地明白这一点。一般来说,同事听你这么说一定会知难而退,再想其他办法。

拒绝除了需要技巧,更需要耐性与关怀。若只是敷衍了事,这样只会伤害对方。

1. 对领导说"不"时一定要把握好时机

"不管什么事情只要交给安娜,我就放心了。"安娜进公司3年,这是领导常挂在嘴边的话。开始安娜很高兴，但时间一天天过去，交给她的任务越来越多。"安娜，这个方案你盯一下；安娜，这个客户恐怕只有你能对付"；"安娜，上海的那个项目人手不够，你顶一下"。老总为某事抓狂时，必会打开房门大叫安娜。

安娜手里的事情多到了加班加点也做不完，可周围有些同事却闲得很，薪水也并不比她少多少。安娜想，也许自己再忍一忍就会有升职的机会。然而，机会一次次地走到了她面前却又一次次地拐了弯。后来，安娜从人事部的一位前辈口里得知，关于她升职的事中层主管讨论过很多次了，每次都被老总否决了，说安娜虽然业务能力不错，但管理能力不足，需要再锻炼锻炼。

安娜很气恼，回家跟丈夫抱怨。丈夫居然也说："如果我是你们老总，我也不会升你的职。一个不懂拒绝的人，怎么去管理别人？"安娜仔细想了想，觉得这话真的很有道理。

往后，当老总给她加工作量时，安娜鼓足勇气说："我手里有3个大项目，10个小项目，我担心时间安排不过来。"老总一听，脸立刻变了色："可是，这个项目只有你去做我才放心。"

"那好吧，我赶一赶。"说完这句话，安娜恨不得咬掉自己的舌头。看到老总的脸，一个大胆的念头突然冒了出来："不过，要按时保质完成，我需要几个帮手。"安娜轻描淡写地说。老总惊讶地看着她，继而笑着说："我考虑一下。"

原来安娜想，如果老总答应给自己派助手，就相当于变相给自己晋升，自己的工作也有人可以分担了；如果不答应，老总也不好把新任务硬塞给自己了。

果然,老总再也没提过加派新任务的事,还破天荒地经常跑来关心安娜的工作进展,并叮嘱她有困难就提出来,别累坏了身体,等等。

当领导把砖头一块块地往你身上叠加时,他也并不是不知道砖头的重量,但是他知道把工作加给一个不懂拒绝的人是件再省心不过的事。你不要因此就梦想你理所当然比别人薪水更高或升迁更快。

有的时候,你并不需要大张旗鼓地拒绝领导,只需要摆出自己的难处,领导也不会觉得你的拒绝很过分。要拒绝领导,就必须告诉他你在时间或精力上的困难,让他明白你不是超人。

2. 不想加班,就必须找个恰当的理由

"世界上最痛苦的是什么?加班!比加班更痛苦的是什么?天天加班!比天天加班更痛苦的是什么?天天无偿加班!"这些关于加班的种种看似戏言和怨言的说法,在调侃之余,也真实地反映了职场中人的生活和工作现状,因为加班已经成为他们生活中的必要组成部分。

身在职场,加班是很多人最痛恨的一件事。面对领导要求的加班,做下属的就只能听之任之吗?是不是也可以找到合适的理由,既不得罪领导,又能够少受一点加班之苦呢?

小李和女友相识3周年的纪念日就在这个周五,可是当离下班还有10分钟时,小李看到了部门领导在MSN上在呼叫:"今天晚上留下来吃饭,约好了一位客户谈目前这个项目的事情。"顿时,小李不知所措。

小李肯定是不想错过今天这个重要日子里的约会的,但是,他又不能得罪领导。他琢磨了一会儿,心想凭着自己几年来和领导的关系，再加上自己幽默风趣的性格，相信领导能够放他一马。于是小李通过 MSN 和领导说："本人是公司著名的妻管严，地球人都知道，要不是为了她，俺哪敢和领导讲条件，再说俺要敢放俺那口子鸽子，俺可能会有生命危险。"等了一会儿，MSN 上传来了领导的回复："你不用加班了，这事我来做，你去陪你的女朋友吧，代我向她问好！"

看到这句话，小李以最快的速度关掉电脑，拎起包飞奔出了办公室。

"适者生存，不适者淘汰"已成为企业中很多人士坚定不移的座右铭，也是上班族命运的真实写照。虽然如此，但每个人的生活中除了工作中的 8 个小时，还有亲情、友情、爱情需要时间去维护，若因为工作而将其他的统统放弃，实在是得不偿失。而要实现这一目标，就需要多学一些拒绝的技巧。小李的做法也许并不适合每一个人，但也不失为一种借鉴。其实，每个人在拒绝加班时都可以找到恰当的理由，让 8 小时以外的时间真正属于自己。

3. 巧借打电话，逃离酒桌应酬

当单位里有应酬时，领导总想把自己喜欢和信任的下属带去"陪酒"。得到领导的赏识是一件好事，但有时候确实不愿意去，这时你该怎么办？如果贸然拒绝领导的好意，就很容易把领导得罪了。如何逃离酒桌应酬，又能让领导理解呢？

小王是一家杂志社的采访部主任，本来谈广告业务的事和她没有什么关系，但多年的打拼让她成了交际"达人"，再加上大方、稳重的气质和漂亮的外貌，主编每当面对大客户时都会想到她，让她作陪。

但小王对这类应酬是很不情愿的,因为下班后她希望能多陪陪孩子和丈夫,享受家庭的幸福生活。几次应酬之后,小王觉得不能再这样下去了,必须想个方法逃离酒桌。当主编又一次要带小王去见客户的时候,小王并没有当面拒绝主编,而是爽快地答应了下来。

晚上,小王如约前往。酒桌上,小王看出这次的客户确实来头不小,而且对他们的杂志比较认可。陪客人的除了她和主编外,还有杂志社的投资人以及广告部的主任。小王不知道自己的到来是否能起到一定的作用,但她还是不辱使命,施展着自己的交际才华。时间过去了大约半个小时,小王的电话响了起来,于是小王离桌去接电话。一会儿,小王回来,焦急地和主编说,自己的好朋友谢菲打来电话,说她得了急性阑尾炎,而其家人又不在身边,需要她去照顾一下。主编和在座的各位一看到这种情况,就马上答应了,让小王赶紧去。

就这样,小王一边说着抱歉的话一边急匆匆地离开了。

出门后,她给好友发短信:"终于逃离了,谢谢你哦。是你的'阑尾炎'救了我!"

相信很多人都有同感。那些特别注重家庭生活的都市白领,都希望自己能够和家人共进晚餐,享受其乐融融的家庭氛围,而不是去酒桌旁陪客户、陪领导。在工作与家庭之间,在薪水与面子面前,他们往往不能按照自己的意愿行事,哪怕勉为其难也得将就着。不过,有些时候还是可以利用一些巧妙的方法,将那些自己不喜欢的应酬统统甩掉。就如小王这样,运用打电话救急,也不失为一个好办法。

4.巧妙应对，避开另类"骚扰"

身在职场，很多女性都容易遭遇一个比较普遍的问题——性骚扰。在工作场合，性骚扰有时候会来自于领导。该怎样去应对性骚扰而又不得罪领导呢？

最近一次公司聚会后，伊茜发现老板罗伯特有点问题。饭后伊茜要回家，可罗伯特说要去唱歌，并且一个都不许走，其他同事都赞成，伊茜也不好反对。伊茜因为喝了点酒有点头晕就靠坐在沙发上，偶尔为他们选一些歌。罗伯特坐在离伊茜不远处，突然在和伊茜说话时用手轻轻地划了一下她的脸，伊茜想罗伯特可能喝醉了，于是离他更远了一些。终于一曲完了，伊茜准备回家，没想到罗伯特跟着伊茜离开。电梯里只有他俩，罗伯特抱住伊茜说："亲一下！"伊茜说不行。这时电梯停了，进来几个人，他只好放开了伊茜。

后来伊茜想他大概是喝醉了，自己以后不再参加这种聚会就是了。可没过几天，罗伯特的秘书很神秘地对伊茜说，后天还有个聚会，大家都得参加。伊茜心里暗暗叫苦，麻烦来了！伊茜后来找了一个理由，才躲了过去。然而，这几天罗伯特总是有意无意地来到伊茜的办公室，伊茜只好跟他谈工作的事。但他却总是有意无意地把话题往别的方面引，伊茜思前想后终于想出了一个主意。由于伊茜和罗伯特的妻子是老同学，于是伊茜周末约罗伯特的妻子一起打牌、游泳，他知道这些事后，便不再"骚扰"伊茜了。

遇上想占便宜的领导是职场女性最烦恼的事，因为处理不好的话便会丢掉工作和声誉。案例中的伊茜在对付领导的性骚扰方法得当，巧妙地保护了自己，值得职场女性学习。

## 助你驰骋商场的实用托词

当做业务的你没法满足顾客所提出的要求时，不要直截了当地说"不"，因为这样会伤害顾客，进而失去很多潜在的顾客。为了让顾客心理平衡，要找好托词，于无形中驳回顾客的要求，这样即使交易失败，也会赢得顾客的好感，进而为自己留住潜在顾客。

顾客就是上帝，在销售场合中，当我们需要否定顾客的意见时，应尽量避免使用"不""不行""办不到"等词语。可是如果必须说出这些字眼时，就要找到适当的托词，并且予以顾客另外的补偿，以使他心理平衡，从而让他对你产生好感。

1. 提出建议，介绍新去处

假如你的商品已售完，可以向他介绍其他有这种商品的地方。这种处处为顾客着想的做法可以提升你的形象，从而赢得顾客的再次光临。

"真抱歉，这种商品正好卖完了。您来看看另外一种，或许正是您所需要的。"

"真是很不好意思，我找遍了仓库都没有找到您所需要的号码，这样吧，您明天再过来，我提前给您准备好。"

"您来得真是不凑巧，我们这正好没有这种商品了，您可以去某店，那里很可能会有。"

做出否定回答的同时，给顾客提出建设性的建议，也就相当于他在你那里得到了需要的满足，可以留给他一个好印象。

2. 补偿安慰拒绝法

当在价格上无法接受顾客提出的要求时，若断然予以否定定会破坏推销的气氛，打击顾客的购买欲，甚至可能会惹恼顾客，从而导致交易的失败。为避免这种情况的发生，推销员在拒绝顾客的时候，应在其可以承受的范围内，予以适当的补偿，并以此来满足顾客想买到便宜货的心理。

"价格不能再降了，这样吧，在价格上您做一些让步，我给您再配上一对电池，怎么样？"

"抱歉，这已经是全市的最低价了，要不这样，我们免费给您送货，如何？"

在商品本身以外给予一定的利益，以此来拒绝顾客减价的要求，使交易不至于因为遭到否定而中断。

3. 寓否定于肯定

顾客的要求假使你满足不了，你的拒绝中并没有包含任何一个否定的词语，而顾客却能听出你的弦外之音。这种方法让你的否定含义隐含在肯定句中，顾客一听就可以明白，既可以避免顾客的难堪，也不会使人觉得你的拒绝很唐突。

（笑着说）"周经理，光天化日之下您这是要抢劫啊！"

"您开出的价格有点那个，您看是不是……"

在肯定句中包含有否定的意思，指出顾客的要求有欠妥当之处，像这样软弱的否定一般不会轻易伤害顾客的自尊心，并比较容易被顾客所接受，从而也能使交易顺利地进行下去。

对于那些不论产品质量如何，看到价格就先"砍一半价"的消费者，推销员应该不卑不亢，学会拒绝。

消费者："这东西是很好，不过价格太贵了，便宜点吧。"

推销员："不好意思，这是公司定的价格，我们是不能随意改动的，公司有规定既不允许我们故意抬高价格来欺骗顾客，也不准我们随便打折。说实在的，我们公司的产品从来不在品质上有所折扣，因此在价格上也从不打折。"

这样既可以表明产品在质量上的可靠性，说明它物有所值，同时也向顾客说明了产品的价格是很合理的，也是比较便宜的，所以不可能再降了。

对于那些比较善"缠"的顾客则可以使用"重复"的说服方法，坚守"不"的立场，把握住"好货不便宜"的消费心理，你越是不降低价钱，就越能证明你的商品好，不愁没人要。当然用这种方法要慎重，态度不能过于强硬，否则会把消费者吓跑。

消费者："做生意灵活些，你做些让步，我给你再加点钱，咱们就成交了。"

多数时候这是消费者希望推销员能够降价的最后尝试了，这时推销员一定要更加耐心，诚恳地对待你的准客户。

推销员："实在很抱歉，我们的售价就是这样了，质量上乘的产品价格都是不便宜的。如果价格低，但是产品不好，不是欺骗消费者吗？"

这种重复说"不"的方式，能够加深顾客认为你推销的商品质量好的印象，相信这样一来他一定不会再在价格上为难你了，只要是好东西，即使多花一点钱，那么消费者从心理上也是可以接受的，并且会有踏实的感觉。学会说"不"并善于利用"不"，你就一定不会再让价格成为你推销的障碍了。

## 先发制人，堵住对方的嘴

当别人向你提出邀请或其他请求时，总是希望能够被顺利接受。一旦话说出来，你再直接拒绝，会使对方误解你"不给面子"，因而对你产生不满的情绪。

面对这一情形，以守为攻、先发制人是拒绝别人的一个上策。在对方尚未张口前已猜到对方的意思时，你先表达自己在这方面有所不便，以堵住对方之口。因为对方并未明说他的意愿，所以这种拒绝不至于双方难堪或尴尬。

请看下面一则事例：

小张负责某项目的招投标工作，小张的一位朋友来到小张家，这位朋友正有意参加相关工程投标。

小张明知其意，于是灵机一动，在朋友刚一进家门还来不及开口时，就立刻说："你看，你好不容易来玩一玩，我都没有空陪你，最近实在太忙了，连吃饭的时间都抽不出。"对方一听这话，赶紧搪塞几句,再也不好意思开口相请。

由此看来,运用先发制人这一招,重在掌握"先"机,自己已经深知对方将要说的话或事情,就应抢先开口,把对方的意思提前封锁在开口之前。这样就能牢牢掌握在与人交际中的主动权,达到巧妙拒绝对方的目的。

再比如接到一个经常找你帮忙的朋友的电话,如果他一开口便问你:"最近忙不忙?"如果此时回答"不忙"或"还好",那么他的下一句自然就会转到正题上来。于是此时你可以这样回答:"忙啊!最近忙得连休息的时间都没有了,每天加班到凌晨,快累垮了。"

听你这么一说,对方自然清楚你是帮不上忙了。而且因为你采取的是提前声明的方法,所以根本不存在拒绝一说,对自己、对对方来说,都不会存在面子过不去的问题。

总之,当你无法满足别人的请求,而又不能或无须找任何借口时,就用"先发制人"的方式,堵住对方说出请你帮忙的话,这样一来,你也就不用为如何拒绝而苦恼了。

## 把话题引导到不着边际的地方

当你不愿答应别人向你所求的事情时,可用巧妙转换话题的方法,让对方处于被动的地位,从而改变对方的意图,达到拒绝的目的。

转换话题,是一种非常有效的拒绝方法,它能够转移别人的注意力,避免引起正面冲突,很好地维护双方的面子。在日本有这样一个故事，很能给人启发：

一位名叫宫一郎的青年去拜访广源先生，打算将一块地产卖给他。

广源听完宫一郎的陈述后，并没有给出"买"或者"不买"的直接回答，而是在桌子上随手拿起一些类似纤维的东西给宫一郎看，并说："你知道这是什么东西吗？"他似乎忘记了宫一郎上门的目的。

"不知道。"宫一郎回答。

"这是一种新发明的材料，我打算用它来做一种汽车的外壳。"广源详细地向宫一郎讲述了一遍。

广源先生一讲就是半个多小时，描述了这种新型汽车制造材料的来历和好处，又详细地讲了他明年的汽车生产计划。广源讲的这些内容宫一郎一点也听不懂，尽管广源的情绪很激动，但宫一郎却再也听不下去了，他以有事向广源告辞。广源礼貌地送宫一郎离开时，他还遗憾地说了一句："关于这种新材料，我还有很多想法，希望下次有机会能与你多聊聊。"

广源的高明之处在于他并没有直接回绝宫一郎。如果那样，宫一郎就一定会滔滔不绝地劝说他买那块地。而广源采取了故意回避的态度，装作好像根本没听懂宫一郎的话，没有给他劝说的时间，而是一直在谈与买地无关的话题，直到对方听不下去主动要求离开。

试想一下，如果广源先生刚开始就告诉宫一郎自己不想买那块地，那么势必要引起一场说服与反说服的争论，而广源先生并不想进行这样的论辩，伤了双方的和气，于是巧妙地转移了话题，从而成功地拒绝了对方的销售要求。

很多时候，使用转移话题的方法需要把话题转移到对方身上，有时需要把话题引导到不着边际的地方，关键看你所应对的事情和人物，以及你所要达到的目的。如果你是想拖延时间，迂回地拒绝，当然最好是把话题引到毫不相干的地方。如果你是想让对方知难而退，那就需要将话题巧妙地转移到对方身上。

## 绕个弯再拒绝

断然拒绝别人可以显得一个人不拖泥带水，但对遭到拒绝的人来说，却是很不够义气的。聪明人这时会绕个弯，不直接说出拒绝的话，而让对方明白意思。

1799年，年轻的拿破仑·波拿巴将军在意大利战场取得全胜凯旋。从此，他在巴黎社交界身价倍增。也成为众多贵妇追逐青睐的对象。

然而，拿破仑对此却并不热衷。可是，总有一些人紧追不放，纠缠不休。当时的才女、文学家斯达尔夫人，几个月一直在给拿破仑写信，想结识这位风云人物。

在一次舞会上，斯达尔夫人手上拿着桂枝，穿过人群，迎着拿破仑走来。拿破仑躲避不及。于是，斯达尔夫人把一束桂枝送给拿破仑，拿破仑说道："应该把桂枝留给缪斯。"

然而，斯达尔夫人认为这只是一句俏皮语，并不感到尴尬。她继续有话没话地与拿破仑纠缠，拿破仑出于礼貌也不好生硬地中断谈话。

"将军,您最喜欢的女人是谁呢?"

"是我的妻子。"

"这太简单了,您最器重的女人是谁呢?"

"是最会料理家务的女人。"

"这我想到了,那么,您认为谁是女中豪杰呢?"

"是孩子生得最多的女人,夫人。"

他们这样一问一答,拿破仑也达到了拒绝的目的。斯达尔夫人也知道了拿破仑并不喜欢自己,于是作罢。

小王毕业以后被分到一个小地方打杂,开始很失意,成天和一帮哥们喝酒、打牌。后来逐渐醒悟过来,开始报名参加等级考试。

有一天晚上,他正在埋头苦读,突然一个电话打过来叫他去某哥们家集合,一问才知道他们"三缺一"。小王不好意思讲大道理来拒绝他们的要求,也不想再像以前没日没夜地玩了,便回答说:"哎呀,哥们儿,我的酸手艺你们还不清楚啊,你们成心让我'进贡'吗,我这个月的工资都快见底了,这样吧,一个小时,就打一个小时,你们答应我就去,不答应就算了。"一阵哄笑后,对方也不好食言,后来他们都知道小王已经另有他事,也就不再打扰了。

还有这样一个例子:

1972年5月27日子夜一点,美苏关于限制战略武器的四个协定刚刚签署,基辛格就在莫斯科一家旅馆里向随行的美国记者团介绍情况,当他说到"苏联每年生产的导弹大约250枚"时,一位记者问:"我们的情况呢?我们有多少潜艇导弹在配置分导式多弹头?有多少'民兵'导弹在配置分导式多弹头？"基辛格回答说："我不太肯定正在配置分导式多弹头的'民兵'导弹有多少。至于潜艇，我的苦处是数目我是知道的，但我不知道是不是保密的。"一个记者连忙说："不是保密的。"基辛格反问道："不是保密的吗？那你说是多少呢？"记者们都傻眼了，只好嘿嘿一笑了之。

绕着弯拒绝别人，是讨人喜欢的一种说话方式。但绕弯必须做到不讨人厌，也就是说必须巧妙，三言两语能够把拒绝的意见表达出来。如果绕了半天，对方还是一头雾水，那就弄巧成拙了。

第五章

饭局做得优雅大方，
事情办得成功漂亮

## "无功不受禄",请客要找好理由

中国有句古话叫"无功不受禄"。因此,请别人吃饭一定要找个合适的理由,要知道,恰当的宴请能大大拉近人与人之间的关系,从而提高办事的成功率。如果对方能欣然赴宴,那么求他办的事也就等于成功了一半。

刘强是刚毕业的大学生,初入职场的他和办公室里元老级的同事总有些不合拍,连科长都说他有些木讷。办公室里的同事总能找到理由请客,科长也时不时欣然前往。而刘强更加被孤立,虽然他也在寻找请客的理由,以期拉近和大家的关系。

刘强没有女朋友,生日也还有半年多的时间,他实在找不到可以宴请大家的理由,又怕落个马屁精的称号。这天,刘强在路边的饭厅吃午餐,看到对面有个福利彩票销售点,很多人排着队在买彩票。刘强灵光一闪,顿时想到一个好办法。

从那天,刘强开始买彩票,还有意无意地将买来的彩票遗忘在办公桌上。刘强买彩票的消息,在同事间不胫而走。还没等大家把这个消息炒成办公室最热门的话题,刘强一天早上郑重地宣布自己中了20000元的奖金。下班了,同事和科长被刘强请进了饭店,酒足饭饱后,刘强从大家的眼神里看到了认可和友好的神情。

从此以后,他也渐渐融入了办公室这个大集体,上司和同事对他伸出帮助之手。就连他以后结婚分房的事,也是科长和同事鼎力相助的结果。这一切得感谢那次虚拟的"中奖"。

俗话说,"吃人家的嘴软",很多人都明白这个道理,所以并不是所有的宴请人们都会捧场。能够拒绝的,即使是自己一分钱不花,也往往会想办法拒绝。所以,宴请别人一定要找个好理由,理由找好了,才能让对方欣然赴宴,你的目的才有可能达成。

通常情况下,请客的方式无外乎以下几种:

1. 开门见山式

例如,当你想邀请上级领导吃饭时,可以直接说:"请问徐经理吗?我们现在在某某酒楼吃饭,过来认识几个朋友吧,我们等你来啊。"这种方式自然亲切。

2. 借花献佛式

例如:"陈工!今天获奖名单公布了,我中奖了!走吧,我们去庆祝庆祝!"然后在酒宴上再提自己求他所办之事,那时候他的酒都喝了,哪好意思不帮你?

3. 喧宾夺主式

如:"哦!你中午没有时间啊?没有关系,这样吧,下午我去订个位置,然后晚上你带上你的家人,我们一起去吃怎样?晚上我给你电话!"这样发出的邀请,别人就很难再有借口推辞了。你也就有了接近对方,求其办事的机会。

另外,请客的理由也五花八门,生日、乔迁、工作调动、开业典礼等都能成为请客的理由。总之,找一个好理由宴请别人是最重要的。

## 宴请看场合,吃饭分档次

现代人讲究"吃文化",所以宴请不仅仅是为了"吃东西",更注重吃的环境。要是用餐地点档次过低,环境不佳,即便菜肴再有特色,也会令宴请效果大打折扣。因此,在可能的情况下,一定要争取选择清静、幽雅的用餐地点,要让与宴者吃出档次、吃出身份。

宴请贵宾,可以到具有古朴装修以及精致菜品的高档饭店,那里的环境、服务还是口碑应该都会让其感受到你对他的重视;宴请川西情节颇浓的客人,选择具有巴蜀风情的旗舰店更能让人过目难忘;宴请喜欢欧式装修的客人,精致的西餐厅是个不错的选择;宴请喜欢清静、对菜品也十分讲究的客人,典雅的农家食府就可以了;想让客人在平和中感受一分大气,满庭芬芳的酒楼他应该会喜欢;想给客人呈上一次视觉盛宴,花园式的餐厅是个好去处;如果客人对传统文化感兴趣,"御膳房"既能让人感受宫廷的大气,又能让人享受到各种御膳;要是客人非常注重商务宴请的私密性,高级酒店很适合;如果客人比较小资,喜欢时尚,那么可以邀请他到时下流行的餐厅或饭店就餐。

商务宴请中菜品也是十分重要的。宴请喜欢葡萄酒，或是对喝葡萄酒有讲究的客人，可以选择领地庄园；宴请喜好海鲜的客人，选择红高粱这样的海鲜酒楼是最适合不过的了；要是客人想吃到最新鲜的生蚝，不妨到最好的海鲜馆。

除此之外，宴请客人还有一些其他注意事项，比如：

1. 官方正式、隆重的宴会一般应安排在政府的宴会场所或客人下榻的酒店内举行。

2. 举行小型正式宴会，宴会厅外应另设休息厅，供宴会前主宾简短交谈用，待主宾到达后一起进宴会厅入席。

3. 选择一处彼此都喜欢的地点就餐，让聚会中的每个人都有宾至如归的感觉。

4. 请熟悉的人去不熟悉的饭店，请不熟悉的人去熟悉的饭店。对熟人（包括家人朋友）来说，可以带他们去以前没去过的饭店尝尝鲜、探探路，熟人在一起就不必拘束，可畅心问价、临时调换地点等。而请不熟悉的和重要的客人则要求对饭店的菜点、服务质量等了然于胸，这样才能更好地为请客的目的服务，所以应该去一个熟悉的、信誉好的饭店。

## 座次安排，尊卑有序

中国素有"礼仪之邦"之称，"不学礼，无以立"，中国最早的礼中最重要的礼，可以说就是食之礼，检验一个人修养的最好场合，莫过于集群宴会。因此，"子能食食，教以右手"（《礼记·内则》），家庭启蒙礼教的第一课便是食礼。而中国宴会繁缛食礼的基础仪程和中心环节，即是宴席上的座次之礼——"安席"。史载，汉高祖刘邦的发迹就缘于他在沛县令的"重客"群豪宴会上旁若无人"坐上坐"的行为。《史记·项羽本纪》中鸿门宴会的座次是一规范："项王、项伯东向坐，亚父南向坐，亚父者，范增也。沛公北向坐，张良西向坐"，此即顾炎武所谓："古人之坐，以东向为尊。"这是指的"室"内设宴的座礼。

隋唐以后，出现了方形、矩形等形制餐桌，座次礼仪也随之改变。圆桌是应聚宴人多和席面大的要求而出现的。圆桌在许多家庭中亦普遍使用，尤为今日餐饮业及机关企业食堂的会宴用桌面。其座次一般是依餐厅或室的方位与装饰设计风格而定，或取向门、朝阳，或依厅室设计装饰风格所体现出的重心与突出位置设首位。通常服务员摆台时以餐巾折叠成花、鸟等造型，首位造型会非常醒目，使人一望而知。而隆重的大型宴会则往往在各餐台座位前预先摆放座位卡（席签），所发请柬上则标明与宴者的台号。这样或由司仪导入，或持柬对号入座，自然不易出错。

宴席位次的设定，既属约定俗成，故其时空差异性较大，而依我国时下理念习尚，则首论职务尊卑，次叙年齿，后及性别（先女后男，以示重女观念）。当然，这都是首席座位确定之后再循行的一般模式。

就一张餐台的具体座位来说，目前中餐通行的规范是：主人坐于上方的正中，主宾在其右，副主宾居其左，其他与宴者依次按从右至左、从上向下排列。

## 你在细品食物，别人在细品你

有人说，你怎样品味食物，别人就怎么品味你。也有人说，在你细品食物的同时，别人也在细品你。你在餐桌上的言行举止，会直接影响别人对你的看法，对方能够以你的吃相来判断你是不是一个值得合作的人。真可谓是"成也吃相，败也吃相"，既然吃相如此重要，那么，你该怎么避免不雅的吃相呢？

1. 吃到太烫或变质的食物

假如你吃了一口很烫的东西，一定要迅速地喝一大口水。只有当身边没有凉饮料并且你的嘴要被烫伤时，你才可以把它吐出来。但应该将其吐在你的叉子上或者手上，并快速把它放在盘子边上。遇到变质的食物也要这样处理。例如，如果吃了一口变质的牡蛎或蚌，不要直接吐出它，而要不动声色地将其处理掉。把食物吐到你的餐巾一角是不雅观的，更不可以随便吐到地上。

2. 打哈欠

在餐桌上打哈欠常常给别人这样的感觉：对饭菜或谈话没有兴趣，已感到很不耐烦了。如果在大庭广众下你控制不住打哈欠，一定要马上用手捂住嘴，接着说："对不起。"千万不可毫无顾忌，张口就来，那样容易让其他人心生不快。

**3. 在餐桌上咳嗽、擤鼻子**

一般情况下应克制这样的行为，因为这样的动作实在是太失礼了。如果无法控制，最好用自己的手巾或手捂住鼻子，如果你使用了餐巾，则要轻声告知服务生，请他们替你更换一下。

**4. 在餐桌上剔牙**

如果你的牙缝里塞了东西让你感到不适，先喝口水漱口，如果仍无法冲刷出来，也别在餐桌上用牙签剔牙，这时你应到洗手间去处理。如果你确实需要当众剔牙，最好用一只手挡住你的嘴，千万不要咧着嘴冲着他人。

**5. 异味或异物入口**

异味入口时，不必勉强吃下去，但也不要引起在一起吃饭的人的不快。这时，你最好的办法就是用餐巾把嘴盖住，快速地吐到餐巾上，然后尽快地召唤服务员来处理，并要求他给你更换一块干净的餐巾。

如果食物中有异物，比如说石子，你可以用筷子取出，放在盘子的一边。如果看到让你感到惊讶的异物时，比如说虫子，千万不要大声叫喊，这样会显得你修养不够。你最好心平气和地要求换掉，也可以向主人或服务员示意一下，尽量不要站起来说。切勿大惊失色地告知邻座的人，以免影响他人的食欲。

**6. 弄洒了汤汁**

把汤汁弄洒了，无论对主人还是自己来说，都是一件十分麻烦的事情。如果你不小心弄洒了汤汁，可以用以下方法应付：

（1）如果你在桌椅上泼洒了一点酱汁，可用餐巾擦拭，如果餐巾已经很脏，就应小心折好后交给服务员处理。

（2）如果你不小心把咖啡、汤一类的液体洒在你的茶杯托盘里，可以用餐巾纸吸干，以免你拿着杯底很湿的杯子时，又弄脏别处。

（3）如果你的汤汁洒了很多，应叫服务员来清理你弄脏的地方，如果不能清理干净，服务员会再铺下一块新餐巾，把脏东西盖住。

（4）如果连你的座位上也弄上了大量的污渍，你可以向服务员或主人再要一块餐巾盖在你弄脏的地方，同时向主人和客人致歉：因为你为他们带来了不便，你也可以对自己闯的祸开个玩笑，让大家很快忘记发生的事，从而缓解自己的尴尬。

总之，在宴会中要尽量避免不雅的吃相，毕竟你的事业可能在餐桌上发展起来，也可能在餐桌上跌落，千万不可因为吃相影响别人对你的看法，从而导致你的生意失败。

## 菜点对了，打开对方心扉并不难

点菜是摆在众人面前一道严峻的选择题。如果菜品安排太少，会怠慢客人；反之，则会造成浪费，引起他人误解。所以，点菜是一个人饮食文化修养的集中表现，是一项复杂的工作，值得大家探讨。

作为请客者，若时间允许，应等客人到齐之后，将菜单供客人传阅，并请他们来点菜。当然，如果是公务宴请，要控制预算，最重要的是要多做饭前功课,选择合适档次的请客地点非常重要。一般来说,如果由你来埋单,客人也不太好意思点菜,会让你来做主。

如果你的上司也在宴席上,千万不要因为尊重他,或是认为他应酬经验丰富,酒席吃得多,而让他来点菜,除非是他主动要求,否则他会觉得不够体面。

如果你是作为赴宴者出现在宴席上,在点菜时,不应该太过主动,而要让主人来点菜。如果对方盛情要求,你可以点一个不太贵、又不是大家忌口的菜,最好征询一下同桌人的意见,特别是问一下"有没有哪些是不吃的"或是"比较喜欢吃什么",要让大家有被照顾到的感觉。

点菜水平的高低直接影响进餐的心情和氛围,在点菜时一定要心中有数,牢记以下三条原则:

一是一定要看人员组成,一般来说人均一菜是比较普通的原则。如果是男士较多的餐会,可适当地加量。同时要看菜肴的组合,冷热、荤素搭配要全面。如果男士较多可多点些荤菜,如果女士较多,可以点得清淡些。

二是如果是普通的商务宴请,可以节俭些。如果这次宴请的对象是比较重要的人物,则要点上几个够分量的菜。

三是点菜前要对价格了解清楚,点菜时不要问服务员菜的价格,或者跟服务员讨价还价,这样会显得你小家子气,而且被请者也会觉得不自在。

中餐宴席菜肴上桌的顺序,各地不完全相同,但一般普遍依循下列六项原则：先冷盘后热炒；先菜肴后点心；先炒后烧；先咸后甜；先味道清淡鲜美，后味道油腻浓烈；好的菜肴先上，普通的后上。因此，点菜也要遵循这个顺序。

## 你的酒杯不要高于领导之上

　　为什么人们在饭桌上祝酒时要碰杯呢？有两种解释：一种解释这种方式是由古希腊人创造的。传说古希腊人注意到这样一个事实，在举杯饮酒之时，人的五官都可以分享到酒的乐趣：鼻子能嗅到酒的香味，眼睛能看到酒的颜色，舌头能够辨别酒味，而只有耳朵被排除在这一享受之外。怎么办呢？古希腊人想出一个办法，在喝酒之前互相碰一下杯子，杯子发出的清脆响声传到耳朵中，这样耳朵就和其他器官一样，也能享受到饮酒的乐趣了。另一种解释是，喝酒碰杯起源于古罗马。古罗马崇尚武功，常常开展"角力"竞技。竞技前选手们习惯于饮酒，以示相互勉励。由于酒是事先准备的，为了防止心术不正的人在给对方喝的酒中放毒药，人们想出了一种防范方法，即在"角力"前，双方各将自己的酒向对方的酒杯中倾注一些。以后，这样的碰杯便逐渐发展成为一种饮食礼仪。

　　小陈是大陈的堂弟，刚刚大学毕业，现在给大陈做秘书。一日大陈带着小陈赴宴，一方面是让他多见见世面，另一方面是介绍一些生意上的客户给他认识，也便于小陈日后的工作。

　　席间敬酒不断，不管谁敬酒，小陈都会随着堂哥站起来陪敬，可是每每举杯时，小陈的杯沿总是高出其他人许多，而且总是碰得酒杯"哐哐"作响。小陈这种表现让大陈深觉脸上无光，不时拿眼睛瞪小陈，可是小陈却不明所以。

为什么大陈不时用眼瞪小陈呢？小陈做错什么了吗？是的，别人敬酒时，站起来是没错的，可是小陈不知道一般敬酒时自己的酒杯都得略低于对方，如果对方是长辈且是自己的上级，一般是碰其酒杯的三分之一处略低，而且碰杯时不是拿整个杯子去碰，而是略倾斜酒杯，拿自己的酒杯口去碰，但不要太倾斜，否则有做作之嫌。如果对方是官级比你高很多的领导，或是长辈，你就要用双手敬酒。另外，也不必碰得酒杯"哐哐"作响，只要发出清脆的碰撞声即可。

酒桌文化有一定的讲究，如何敬酒要因人而异，也可能因地区文化的差异而有所不同，要具体情况具体对待。

除此之外，饮酒干杯时，即使不喝，也应该将杯口在唇上碰一碰，以示敬意。喝酒时绝对不能吸着喝，而是倾斜酒杯，好像是将酒放在舌头上似的感觉。此外，一饮而尽，边喝边透过酒杯看人，边说话边喝酒，都是失礼的行为。

# 先做朋友后做销售,生意细水长流

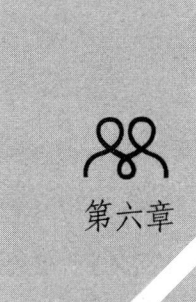

第六章

## 对于表情冷淡的顾客,要用真情去感化

正值家电卖场淡季,一位表情严肃的顾客走进某家电销售专区。

销售人员小赵:"先生您好!欢迎光临××家电大卖场,我们正在搞淡季大促销活动,请问您需要购买什么家电?"

顾客看都没看小赵一眼,径自走进家电卖场。

小赵有些尴尬,然后就在距顾客4米远处不时观察着顾客。

顾客看了一会儿,摸了摸一款数码摄像机。

销售人员小赵忙上前去:"您要购买相机啊,这款相机正值厂家促销,是今年柯达公司力推的主力机型,像素1200万,防抖功能很好……"

"哦!我随便看看。"顾客打断了小赵的介绍。

过了几分钟,顾客什么也没说就走出了家电卖场。

销售人员笑颜以对,顾客却毫无反应,一言不发或冷冷回答一句"我随便看看",这种场面其实非常尴尬。这类顾客对销售人员的

冷淡往往是出于情感上的警戒，要化解这种警戒，销售人员应该从顾客行为中尝试分析顾客类型，然后利用情感感化法朝着有利于活跃气氛和购买的方向引导。

作为销售人员，其实我们每天都能遇到这样的顾客，冷冰冰地进来，对你爱答不理，顶多甩给你一句"我随便看看"，场面比较尴尬，让你不知道如何是好。其实，这些类型的顾客不外乎以下三种情形：

第一种是对要买的产品比较熟悉，没必要让销售人员介绍，自己看就行了，顶多讨价还价和支付的时候需要销售人员；第二种是顾客只是来收集一下所要购买产品的信息，比如要购买的产品到底是什么样子的，各家卖场报价是多少等各种对比信息；第三种是随便逛逛，看着玩。因此，针对不同的顾客，销售人员应该采取不同的方法来接近，而不是只用一种方法。

很明显，"没关系，您随便看看吧，需要什么帮助叫我就行"之类的话是错误的，因为销售人员没有主动去顺势引导顾客需求，从而减少了顾客购买产品的可能性。

此外，顾客对销售人员都有戒备心理，生怕刚来就中了销售人员的圈套，因此他们都对销售人员有着非常消极的看法。作为销售人员，你可以尝试从以下几个方面接近顾客：

一是找好接近顾客的时机。这个时机往往不是在顾客刚进店的时候，而是在顾客浏览商品时对其中一件比较感兴趣的时候，此时你可以根据顾客感兴趣的商品，大致联想出顾客想要什么类型的商品，因势利导，成功率往往会比较高。

二是在顾客挑选商品的过程中，不要像盯贼似的跟着顾客，更不要顾客跑到哪里销售人员就跟到哪里；不要问一些无关痛痒的话题，比如"需要帮助吗"等一些惹人烦的问题。

三是在一段时间后要尝试积极引导顾客。如果再次询问顾客时顾客还是回答"我随便看看"，销售人员就要尽量朝着有利于活跃气氛的方向引导。

另外，销售人员可以按照如下模板灵活应对顾客："没关系，呵呵，现在买不买无所谓，在购买之前一定要了解一下产品，做一些对比，才能买到心满意足的产品。这个行业我做了3年啦，我给您介绍一下这些家电吧！"（以专业人士的身份介入。）

面对冷淡型顾客，销售人员的信心常会被对方冰冷的口气摧毁，或者被对方的沉默不语给打垮，其销售热情也会降到零点。其实顾客冰冷的口气并不代表顾客是个毫无情感的人，销售人员需要做的就是用情感去感化他们。

## 对态度不好的顾客采取迂回战术

一个打扮时髦的女人走进家电卖场，后面跟了一个五大三粗的男子。

销售人员小韩："小姐、先生您好！欢迎来到××购物广场！有什么需要帮助您的？"

男子:"小姐?你叫谁小姐呢?"

销售人员小韩:"哦!是女士!"

男子:"你的态度太差了吧!"

销售人员小韩:"对不起,真的很抱歉,是我的口误,今后我一定改正。"

男子:"你是不是见个女人就叫人家'小姐'啊?都什么世道了啊!"

销售人员小韩:"对不起,我以后会注意的。"

男子:"不要把我当作傻瓜,你们这些销售人员没一个好东西,都只会忽悠人,你老实点儿!"

销售人员小韩:"我绝对没有这个意思。如果让您有这种感觉的话,我郑重向您道歉。"

男子:"你说话能不能再客气一点?"

销售人员小韩:"冒犯您了,真是对不起。"

男子:"你懂不懂说话礼节?"

销售人员小韩:"真对不起,以后我一定注意。"

然后这个男子就被那个女子劝了几句,拉进了卖场。

销售人员小韩:"呵呵,这位帅气的大哥,实在抱歉,刚才是我的错。嗯,欢迎帅哥美女来到家电卖场,我是这里的销售人员小韩,在这里工作了3年了,因此对这个大卖场的产品非常熟悉,二位有什么疑问,我立刻帮你们解答,请问二位要买什么产品?"

男子:"嗯!看你说话挺和气,我带我女友来买一台冰箱,这样她买的很多新鲜水果就能放在冰箱里了……"

有时候，商场里会因为鸡毛蒜皮的事情而引起误会甚至打斗，这些情况往往是因为销售人员意气用事，不肯让步造成的。正所谓"生意不在人情在"，销售人员要始终记清自己引导消费的职责。场景中的小韩处理事情比较稳当，没有出现什么冲突，而且"厚着脸皮"将顾客从无关的事情中引向产品销售。

作为一名销售人员确实很不容易，但你必须时刻应对各种情况，不可意气用事与顾客顶撞，要明白，你的唯一使命就是顺利地把产品卖出去。

态度不好甚至是吹毛求疵的顾客一般疑心很重，不信任销售人员，片面认为销售人员只会夸张地介绍产品的优点，而尽可能地掩饰缺点，如果相信销售人员的甜言蜜语，可能会上当受骗。

必须承认，吹毛求疵的顾客的确存在，而态度不好的顾客也不在少数。那么，你应该如何应对这样的顾客呢？

与这类顾客打交道，销售人员要采取迂回战术。先与他交锋几个回合，但必须适可而止，最后故意宣布"投降"，假装战败而退下阵来，宣称对方有高见，等其吹毛求疵和生气的话说完之后，再转入销售的论题。

## 强调基本属性，成功化解顾客的刁难

潜在顾客在已经充分了解了产品之后，可能会在购买前到竞争对手那里询问一下，然后回来问销售人员如下的问题：

顾客："人家的那个冰箱不仅内部空间大，自动除霜，还特别省电。你们这个好像没有这个特点呀。"

销售人员："您关注得真的非常仔细，我想请您思考一个问题：冰箱的主要功能是什么？首先应该是保鲜，以及容量是否可以存放整个家庭用的蔬菜、水果或者熟食，如果为了达到省电的要求而让冰箱的制冷温度打折扣，导致保存的食品变质，那么省电的意义何在呢？"

案例中销售人员回答的关键就是让顾客回到对冰箱的最基本功能的思考上，不被竞争对手额外的所谓的产品创新牵引，通过强调产品的基本功能赢得顾客的信任。

当顾客用竞争对手的优点来刁难时，销售人员要引导顾客回到实质性的问题上来。如果销售人员对潜在顾客的问题做出如下答复，"其实也省不了多少电，保鲜和空间才是冰箱主要考虑的要点"，这样的回答并不能消除顾客内心的顾虑，他对于省电的疑问没有得到真正的解决。

这里介绍一些与竞争对手比较的技巧：

一、了解对手的优缺点，特别是哪些地方比你弱。

二、对竞争对手做出肯定评价，绝对不要贬损对手。

三、追问顾客对竞争对手最看重的地方。

四、指出你与对手的差异之处，并强调你的优点。

五、评价对手时，先说优点后说缺点；评价自己时，先说缺点后说优点。

六、强调顾客经过对比后还是选择你们。

商场如战场,如何在竞争中赢得顾客,是销售人员面临的最大问题。顾客用竞争对手的优势来刁难时,销售人员应强调产品的基本属性,赢得顾客的信任。

## 用"垫子"法解答顾客挑衅性追问

销售人员:"这款笔记本的速度还是相当快的,何况我们的售后服务也很周到,毕竟是著名品牌嘛!"

顾客:"前两天新闻说,你们准备削减保修网点了,而且,对许多属于产品质量的问题还回避,甚至服务热线都拨不通,一直占线,是怎么回事?"

销售人员:"那是有一些顾客故意找碴儿,属于自己失误操作导致的笔记本无故死机,完全是不正当操作导致的,不属于保修范围,当然就不能保修了。"

顾客:"只要顾客有争议,你们都说自己有理,再说了,计算机这个事情,谁说得准,怎么能相信你们呢?"

无论销售人员怎么解释,潜在顾客就是不让步,咄咄逼人。

案例中销售人员的回答方法是不可取的,当顾客提出"听说你们的售后服务不好"这样的问题时,销售人员不要做出以下回答:

——"不会啊,我们的售后服务可好啦!"(直接的否定会让顾客对你及你的品牌更加不信任。)

——"您放心，我们的产品绝对保证质量！"（答非所问，难以让顾客信服。）

——"您听谁说的，那不是真的！"（质问顾客、极力否认只会适得其反。）

这个时候，销售人员正确的回答方法应该是有效使用"垫子"。案例中的销售人员应采用如下回答方式："您真是行家，这么了解我们的品牌，而且，对于采购笔记本特别在行，问的问题都这么尖锐和准确。"此时要停顿片刻，让潜在顾客回味一下。然后，接着说："许多顾客都非常关心产品质量保修问题，当产品发生问题时，顾客是首先得到尊重和保障的，我们要求国家工商部门批准的质量部门鉴定产品质量问题的责任归属，一旦最后鉴定的结果是我们负责，那么我们就承担所有的责任。在产品送去鉴定的过程中，为了确保顾客有电脑使用，我们还提供一个临时的笔记本供顾客使用，您看这个做法您满意吗？"

销售的过程是相互交流的过程，顾客在销售对话时也会问问题。有时他们的问题似乎是反驳性的，但实际上只是顾客对自己思路的澄清，不然就是企图将销售人员重新引导至正确的产品或服务上。面对顾客对销售人员的某个问题提出反驳，销售人员不应对顾客的反驳予以辩解，而要反思自己交流环节是否出了问题，并且对问题环节加以调整，及时回到销售的正轨上来。

以售后服务问题为例，由于家电的使用寿命一般都在十年或十年以上，所以顾客在选购家电时会比较关注厂家提供的售后服务，特别是对于体积较大、移动不方便、内部零件较为复杂的大件电器，顾客会非常在意厂家能否能提供快速、便利的维修服务。

  面对顾客提出关于产品售后服务的问题，销售人员首先不要正面反驳顾客，而要通过提问来了解顾客对我方的售后服务是否有不愉快的经历，然后以事实为依据，列举厂家在售后服务方面做出的努力，例如网点数量和服务承诺书等，消除顾客对售后服务的担忧。但要注意，销售人员在消除分歧的同时，不要做过度的承诺，避免给厂家造成不必要的纠纷。

  [案例一]

  销售人员："先生，请问您是不是有亲戚朋友买过我们品牌的产品？"

  顾客："对呀，我有个同事三年前买过你们的产品，但出现问题后找不到维修的地方，后来只能邮寄回厂家维修，真是太麻烦了！"

  销售人员："先生，很抱歉给您的同事带来了不便！（真诚向顾客道歉）我们前几年的服务网点确实不够健全，给我们的用户造成了不便。针对这种情况，我们公司做出了很大的努力和投入，您可以看一下我们现在的服务网点数量（拿出产品说明书后的网点介绍部分）。为了保证我们品牌售后服务的质量，我们在地级城市都设置了技术服务中心，并签约大量的特约维修点，以保证我们的用户能够享受到更加便捷的上门服务。对于我们这款产品，您还可以享受到终身免费清洗和免费上门维修的贴心服务，保证您买得放心，用得安心！今天就定下来吧？"

[案例二]

销售人员:"大姐,您这是从哪里听来的?"

顾客:"我邻居说的,她家用的就是你们品牌的洗衣机,年前出现了故障,打电话报修后的第三天,你们的售后服务人员才上门。这不是不重视顾客吗?"

销售人员:"大姐,我明白了!这确实给您的邻居带来了不便!不过,这是因为这些售后维修人员都是我们自己的员工,他们都是受过专业训练的,维修技术和服务态度绝对都是优秀的,只是数量上不是很多,应付平常的维修没有问题,但年前购买洗衣机的顾客特别多,安装的工作量特别大,所以他们上门维修的时间才有所拖延的,还望您及您的邻居能够理解!"

顾客:"难道别的品牌的维修人员不是厂家的人吗?"

销售人员:"对呀,现在很多品牌都把售后服务以协议的形式外包到各个地方的家电维修点,由于厂家与特约维修点之间并不是上下级关系,而是一种互利的合作关系,所以消费者得到的售后服务质量无法得到保证。我们公司正是为了保证售后服务的质量,才自建维修队伍的。这也是我们对消费者负责任的表现。对吧?所以,您就放心买我们的产品吧,售后服务方面绝对让您无后顾之忧!"

当顾客问一些挑衅性问题时,销售人员不能正面反驳顾客的挑衅,而应采取柔性引导方式,从侧面提供解决方案。此外,还应提供本品牌售后服务好的证据:

1. 维修网点数量多、分布广。

2. 服务态度好。

3. 维修技术过硬。

4. 提供的维修服务迅速。

## 低三下四并不能使顾客对你产生好感

由于对方的身份地位显赫而感到自卑，不自觉地把自己放在低人一等的位置。本想以谦卑的姿态赢得信任，结果却适得其反，赔了面子又丢订单。这是不少销售员都曾遇到过的问题。

其实，低三下四并不能使顾客对你产生好感。所以，面对客户要不卑不亢，无论对方多么"高大"，都要牢记：他只是你的客户，你们之间是平等的关系。

俞恒是一个刚进入销售行业不久的新人，平时跟朋友、同事交往时都很自信，而且言谈风趣，不少年轻女孩都很喜欢他。但是当他面对客户，向别人介绍产品时，却好像完全变了一个人。他总觉得自己比客户矮了半截，平日的潇洒自信顿时烟消云散，代之以满脸的怯懦和紧张。

这种情况在他接近那些老总级别的人时，尤为明显。有一次，俞恒获得了一个非常难得的销售机会，不过需要跟那家合资公司的老板面谈。俞恒走进入那装饰豪华的办公室，就紧张得不得了，浑身打战，甚至连说话的声音都发起抖来。他好不容易控制自己不再发抖，但仍然紧张得说不出一句囫囵话。老总看着他，感到很惊讶。

终于,他佝偻着背,磕磕巴巴地说道:"王总……啊……我早想来见您了……啊……我来介绍一下……啊……产品……"他那副点头哈腰低三下四的样子让王总觉得莫名其妙,甚至怀疑他有什么不良企图。

于是会谈不欢而散,大好机会就这样被生生浪费了。

大人物一般来说社会地位高,有一定的社会威望,许多推销员在拜访时经常畏首畏尾。然而销售最大的忌讳就是在客户面前低三下四,过于谦卑。像案例中的俞恒这样,还未到正式谈判就已经败下阵来。心理素质如此脆弱的人,肯定会失败。

卑躬屈膝的推销,不但会直接影响你的形象和人格,而且会使你所推销的产品贬值。畏畏缩缩、唯唯诺诺的销售员,不可能得到客户的好感,反而会让客户非常失望。因为你的表现证明你不是一个光明正大的人,是个不可信赖的人,那么他对你所推销的产品就更不相信了。

优秀的推销员要有敢于向大人物推销的勇气。如果你总是逃避,不敢去做你害怕的事情,不敢去害怕去的地方,不敢见大人物,那么机会一定不会因为你害怕而光顾你。

其实许多你害怕去的地方往往蕴藏着成功的机遇,在大地方向大人物推销往往比向小客户推销容易得多。因为推销员都畏惧这些地方,他们也很少光顾这里。如果你敢于迈出这一步,向大人物推销自己的商品,那么你就很可能成功。

另外,在大人物这里,由于前来推销的业务员很少,因此,他们往往不像小客户那样见到推销员就说"不"。一个真正成功的大人物或者一个从基层干到上层的人，是不会对你的推销感到厌恶的，很多情况下他们会怀着一颗仁慈的心来接纳你，并给你一次机会。

## 不懂换位思考，死缠烂打只会令人厌烦

　　向客户推介产品时，有些销售员自以为只要有毅力坚持下去，就可以获得成交。然而，销售员的毅力和坚持却常常引起顾客的不耐烦，甚至把顾客吓跑。

　　在卖场的促销区出现了下面的场景：

　　"这位小姐，我们公司现在有个促销活动，如果您买了我们的化妆品，就可以享受一些优惠政策，比如免费旅游。"

　　"不好意思，我对这些优惠没有兴趣。我从来不买国产品牌化妆品，哪怕优惠再多，价格再低，都不会考虑的。我看重的是品牌和质量。"

　　"这个您不用担心，我们公司有专业的咨询师，他们会针对您的具体情况给您提供您需要的产品。"

　　"这种产品对我而言没有意义，没有必要去搞什么咨询。"

　　"我可以向您保证这种产品的质量绝对是一流的，而且还能免费旅游，机不可失，时不再来……"

　　"对不起，我还有事。"顾客头也不回地离开了。

　　这位销售员的错误在于：不设身处地地为客户着想，而是自以为是，喋喋不休，终于引起顾客的反感。他的产品介绍是"死"的，

跟背台词似的，完全不考虑顾客的感受和反应。这是一种典型的错误推销。

很多推销员在推销产品时都会犯类似的错误。不清楚客户为什么要购买自己的产品，只认为把产品卖出去，自己拿到提成，就万事大吉了。于是他们把嘴巴当成喇叭，对顾客进行"广告轰炸"。殊不知，这种低级的推销手段早已过时，没人吃这一套了。

优秀的推销员要理解顾客关注的并不是所购产品本身，而是关注通过购买产品能获得的利益或功效。成功的推销员普遍具有一种很重要的品质，即积极主动、设身处地地为客户着想。站在对方立场去思考问题，才能了解客户的需求，才会知道客户需要什么，不需要什么。这样就能够比较正确而且也容易抓住推销的重点了。

当你为客户考虑更多，为自己考虑更少时，也许会被迫放弃部分眼前利益。不过，你会因此善举而获得更加长远的利益。处处为客户着想，不仅仅是想客户之所想，急客户之所急，而且还要让客户看到实惠，只有你为他办了实事，而且还最大限度地为他省了钱，你才能与客户保持长久的合作关系，并由此而提高你的销售业绩。

纵观那些业绩突出的推销员，他们之所以业绩出色，是他们的价值观念、行为模式比一般人更积极。他们绝不会死缠烂打、不厌其烦地介绍自己的产品，而是主动为客户着想，"以诚相待、以心换心"。这样才能赢得回头客，保持业绩之树常青。学会换位思考，是推销员对待客户的基本原则，更是推销员成功的基本要素。

## 先让客户体验，然后再谈销售

销售是服务的孪生姐妹，相辅相成。有好的服务，必有好的销售业绩。如果服务仅仅为了促进销售而做，那么一定不会有很好的效果。

经济学上将买卖分为一次性博弈和重复性博弈两种。如果将销售当作是一次性博弈，销售员很可能就将服务当作为销售而做的功利性服务。

成功的销售是将与消费者之间的交易看作重复性博弈。因为他们知道这不是一次博弈，需要为将来考虑。如果在第一次博弈中就要尽卑鄙手段，不诚实合作，那么很难真正享受到"服务"带给你的长期回报。

任何带有功利性的服务都不能让销售成为重复性博弈。相反，不为销售而为客户提供的服务，是一种真诚付出，只有这种无私的服务才会打动客户的心，让客户愿意长期与你合作。因此，对于销售员来说，只有把销售融入服务当中，才能真正让服务发挥效果，为你的销售锦上添花。

安娜是美国一家房地产公司顶尖的经纪人之一，她一年的销售额高达1000万美元。谈及自己获得高额销量的制胜法宝时，安娜只说了一句话："绝不只为销售而服务。"

一天，一对夫妇想在罗克威买一栋房子并定居下来。经人介绍，这对夫妇找到安娜，安娜热情地接待了他们。

安娜没有立刻带这对夫妇去看待售的房子，而是带他们参观社区、样板房，介绍当地的生活习惯、生活方式，带这对夫妇参加小城的节日，让他们免费享受热狗、汉堡、饮料。

"每到傍晚时分，滑水队伍会在湖上表演，市民则在船上的小木屋里吃晚餐。"安娜为他们一一介绍道，"再稍后，他们在广场看五彩烟火，然后去商场，这里的购物环境非常优美，价格也非常公道。待会儿，我再带你们去看看我们社区内最好的学校。"安娜带着顾客一一了解他们入住此处后可能会遇到的各项生活细节。

最终，这对夫妇满意地决定在湖畔购买一套价值60万美元的房子。客户付款后，安娜的服务仍然没有结束：协助客户联系医生、牙医、律师、清洁公司，帮助客户联系女儿的上学事宜，帮客户买电、买煤气。

安娜通常会在每年的圣诞假期为自己服务过的客户举办一场盛大的宴会，从纽约请5~7人的乐队进行伴奏，准备香槟、饮料、鲜嫩的牛肉片和鸡肉，提供各种型号的晚礼服。安娜举杯向客户敬酒，感谢客户们的支持与信任，祝福客户生活得更美好。她会一个一个地与客户私下沟通，问对方是否需要帮助，并承诺以后会提供更好、更优质的服务。在客户离开的门口，放着许多挂历、钢笔、书籍等实用的小礼物，让客户离开时随意拿。

有了如此细致周到的贴心服务，安娜何愁没有惊人的销售业绩呢？

正如安娜所言，她成功的秘诀就在于真正做到了"绝不只为销售而服务"。在与客户见面后,她不急着直接介绍房子,而是先带他们了解周围的环境和当地的文化,让客户充分获得有效的信息,同时思考是否适合在这里居住。当客户购买房子后,安娜还提供许多看似与房产无关的服务,时刻与客户保持良好的关系,让客户感觉不仅仅买了一套设施便捷的房子,更获得了未来生活的安全感。这正是将与客户的关系当作多次的重复性博弈来看待,自然也能够收获长期的忠实客户。

真诚的服务不是为了销售而服务,而是设身处地站在客户的角度,将买卖当作是重复性博弈,建立长期的好感与互信,将销售融入服务当中而使销售变得无痕无迹。作为推销员,要想获得很好的销售业绩,也要像安娜学习,让优质的服务起到"四两拨千斤"的作用。

给内向型客户信赖和依靠感

在我们的周围,总是有两类人,他们的做事风格完全相反。比如对于一个友好的帮助,一种人往往会很真诚、很高调地表达感谢,然后,抛在脑后;另一种人可能什么都不会说,但是,在接下来的时间里你就会发现,他在默默地对你好,并且,对你越来越好。为什么?

内向型的人往往更倾向于相信自己内心的感觉,他们会根据自己的判断做出选择。

心理学研究发现,相比性格开朗、易于沟通的外向型的人,性格封闭、不易接近的内向型的人感情及思维活动更加倾向于心灵内部，感情比较深沉。他们不善言辞，待人接物小心谨慎，一般情况下他们避免甚至害怕与陌生人接触。虽然内向性格的人比较爱思考，但他们的判断力常常因为过分担心而变弱，对于新环境或新事物的适应，他们往往需要很长的周期。

因为内向型客户对陌生人的态度比较冷漠，且情绪内敛，沉默少言，在消费过程中也会小心翼翼，甚至久久拿不定主意，使得销售员的销售工作很难有进展。在销售过程中，往往是销售员问一句，神情冷漠的内向型客户答一句，不问就不答，导致交谈的氛围沉闷，销售人员的心情也比较压抑，想要迅速促成交易往往是很困难的一件事情。

但是，销售人员切不要被内向型客户的外表神情蒙骗，从而打退堂鼓。善于观察的销售员会发现，虽然内敛型的客户少言寡语，甚至表面看似反应迟钝，对销售员及其推销的商品都表现得满不在乎，不会发表任何意见，但他其实在认真地听，并已经对商品的好坏进行了思考。内向型客户其实非常细心，只是源于其性格中的对陌生人极强的防御和警惕本能，他们即使对销售员的观点表示赞同，也不会说太多的话。这时候销售人员应对客户一如既往地温柔对待。根据内向型客户嘴上不说，但是心中有数的特点，他们一旦开口，所提的问题大多很实在、尖锐并且会切中要害，销售员应想好对策，从容温和地回答，打消客户的质疑，这样就会很容易得到内向型客户的信赖。

王建是某手机超市的销售员。有一天，一位先生来店里看手机，很多当班的柜台销售员都主动跟他打招呼,热情地询问他需要什么样的手机。每一次被询问,这位先生都只是说自己随便看看,到每个柜台前都是匆匆地浏览一下就迅速离开了。面对着许多销售员的热情询问,这位先生显得有些窘迫,脸涨得通红,转了两圈,觉得没有适合自己的手机,就准备离开了。

这时王建根据经验,判断出该客户是一个比较内向腼腆的人,并且根据观察,王建断定客户心中肯定已经确定了某一品牌的手机,只是由于款式或者价格等原因,或者是由于被刚才那些销售员的轮番"轰炸",有些不知所措而一时失去了主意。

于是,王建很友好地把客户请到自己的柜台前,他温和地说:"先生,您是不是看上某款手机,但觉得价格方面不是很合适,如果您喜欢,价格可以给您适当的优惠,先到这边来坐吧,这边比较安静,咱再聊聊!"客户果然很顺从,王建请他坐下,与他聊起天来。

王建开始并没有直接销售手机,而是用闲聊的方式说起自己曾经买手机,因为不善言辞而出丑的事。他说自己是个比较内向的人,做推销这几年变化挺大。与客户聊了一些这样的话题以后,客户显然对他产生了一定的信任感,于是在不知不觉中主动向王建透露了自己的真实想法。

王建适时地给他推荐了一款合适的机型,并且在价格上也做出了一定的让步,给客户一定的实惠,同时王建还给客户留了自己的电话,保证手机没有质量问题。最后,客户终于放心地购买了自己想要的手机。

其实内向型客户并不是真的冷若冰霜、难以沟通，他们往往用冷漠来保护自己，却拥有一颗火热的心。只要他通过自己的判断觉得你比较诚恳，他一定也会表达出善意，而双方越熟悉，他就越会信任你，甚至依赖你。对于缺乏判断力的内向型客户来说，只要他信任你，他甚至会让你替他做决定。而且如果他对你的产品感到满意，他就会变成你的忠诚客户，一次次向你购买。因此，利用温柔攻势及切实为客户着想，获取客户的信任是面对内向型客户的制胜法宝。

在销售中，与不善于表达自己的内向型客户交朋友吧，用心观察和分析他们的特点，用自己的真诚和温柔来打动客户，赢得内向型客户的信赖就不再是一个难题。

## 给客户安全感，让客户没有后顾之忧

当你购买某一产品的时候，你最怕什么？质量不好，不安全，不适合自己，花冤枉钱？是啊，几乎所有的消费者在面对不熟悉的产品时，都会有这些担心和害怕，怎么做才能让他们安心购买呢？

用心传递价值，让客户没有任何后顾之忧。

心理学研究发现，人们总是对未知的人、事、物产生自然的疑虑和不安，因为缺乏安全感，在销售的过程中这个问题尤为明显。一般情况下，客户对销售员大多存有一种不信任的心理，他们认定销售员所提供的各类商品信息，都或多或少包含一些虚假的成分，甚至会存在欺诈的行为。所以，在与销售员交谈的过程中，很多客户认为他们的话可听可不听，往往不太在意，甚至是抱着逆反的心理与销售员进行争辩。

因此，在销售过程中，如何迅速有效地消除顾客的顾虑心理，就成为销售员最重要的能力之一。因为聪明的销售员都知道，如果不能从根本上消除客户的顾虑心理，交易就很难成功。

客户会产生顾虑的原因有很多，除了对产品性能的不确定外，主要有以下几点：

第一，客户在以往的生活经历中，曾经遭遇过欺骗，或者买来的商品没有达到他的期望。

第二，客户从新闻媒体上看到过一些有关客户利益受到伤害的案例。新闻媒体经常报道一些客户购买到假冒伪劣商品的案例，尤其是一些伪劣家电用品、劣质药品或保健品，会给客户的健康甚至生命造成巨大的威胁。

第三，客户害怕损失金钱或者是花冤枉钱，他们担心销售员所推销的这种产品或者服务根本不值这个价钱。

第四，客户担心自己的看法与别人的会有不同，怕销售员因此而嘲笑他、讥讽他，或是遭到自己在意的、尊重的人的蔑视。

种种顾虑使得客户不自觉地绷紧了心中的那根弦，所以说，在面对消费者时，销售员要尽自己最大努力来消除客户的顾虑心理，用心向他们传递产品的价值，使他们打消顾虑。

消除客户的顾虑心理，首先要做的就是向他们保证，他们决定购买是非常明智的，而且购买的产品是他们在价值、利益等方面做出的最好选择。

一位客户想买一辆汽车，看过产品之后，对车的性能很满意，现在所担心的就是售后服务了，于是，他再次来到甲车行，向推销员咨询。

客户："你们的售后服务怎么样？"

销售员："先生，我很理解您对售后服务的关心，毕竟这可不是一个小的决策，那么，您所指的售后服务是哪些方面呢？"

客户："是这样，我以前买过类似的产品，但用了一段时间后就开始漏油，后来拿到厂家去修，修好后过了一个月又漏油。再去修了以后，对方说要收5000元修理费，我跟他们理论，他们还是不愿意承担这部分费用，没办法，我只好自认倒霉。不知道你们在这方面怎么做的？"

销售员："先生，您真的很坦诚，除了关心这些还有其他方面吗？"

客户："没有了，主要就是这个。"

销售员："那好，先生，我很理解您对这方面的关心，确实也有客户关心过同样的问题。我们公司的产品采用的是欧洲最新AAA级标准的加强型油路设计，这种设计具有很好的密封性，即使在正负温差50度，或者润滑系统失灵20小时的情况下也不会出现油路损坏的情况，所以漏油的概率很低。当然，任何事情都怕万一，如果真的出现了漏油的情况，您也不用担心。我们的售后服务承诺：从您购买之日起1年之内免费保修，同时提供24小时之内的主动上门服务。您觉得怎么样？"

客户："那好，我放心了。"

最后，客户买了中意的汽车。

从某种意义上来说，消除疑虑正是帮助客户恢复购买信心的过程。因为在决定是否购买的一刻，买方信心动摇、开始后悔是常见的现象。这时候顾客对自己的看法及判断失去信心，销售员必须及时以行动、态度和语言帮助顾客消除疑虑，加强顾客的信心。

消除顾客疑虑的最佳武器就是自信。优秀的销售员的沉稳和自然显现的自信可以重建顾客的信心。

除了自信的态度之外，另一个重要的武器便是言辞。比如有一位顾客原本想采购一种电子用品，但是他没有用过，不确定这个决定对不对。聪明的销售员会马上说："我了解你的想法，您不确定这种电子产品的功能，怀疑是不是像产品说明书所说的，对不对？您看这样好不好，您先试用……"在关键时刻，销售员纯熟的成交技巧会让顾客疑虑全消。

在销售过程中，顾客心存顾虑是一个共性问题，如若不能正确解决，将会给销售带来很大的阻碍。所以，销售员一定要努力打破这种被动的局面，善于接受并巧妙地化解客户的顾虑，使客户放心地买到自己想要的商品。只要能把握脉络，层层递进，把理说透，就能够消除客户的顾虑，使销售成功进行。

# 第七章

人际高手就是让人舒服，
圆融的人自有福

## 不损他人尊严,才能收获尊重

"即使别人犯了错,而我们是正确的,不顾及别人的颜面也是不对的。因为这样会伤及别人的尊严。"

李军大学毕业后进了现在的公司,从销售岗位做起,一步步升到了区域经理的位置。自从做了领导之后,李军就变了个人。

一次,部门助理小张在工作上犯了些错误,李军知道后,不仅扣掉了小张小半个月的工资,还在其他职员的面前狠狠地批评了小张。

"虽然你犯的错误很小,但是作为一个工作了三年的员工,这么低级的错误也能犯,实在是太不专业了。"李军批评道。

小张是个脸皮薄的人,听了这些话,脸瞬间就红了。

李军接着说道:"以后工作上认真点,带着脑子干活。"说完,李军就回自己的办公室了。

被领导在这么多人面前责骂,小张的眼睛都红了。

其他员工也有点看不过去，说道："以前还挺欣赏他直爽的性格。这刚升上去，怎么就变成这样了。性子直的人果然是不太善解人意啊。"

"是啊，这都是开放式的工位，一个小姑娘，被那么骂，面子上实在是过不去。"另一个同事附和道。

在职场中，有些管理者性格比较直，在生气的时候，他们完全不顾及下属的尊严，只顾着批评、责骂。特别是一些从初级岗位升到管理岗位的管理者，他们认为，既然是管理人员了，就必须"拿腔作调"，做一些证明自己身份的事情。比如，在众人面前严厉地批评自己的下属。但实际上这种行为不仅对自己的工作没有益处，还会伤害他人的尊严，最终阻碍了自己的晋升之路。而向他人表达自己的想法时，应当遵循一个原则：那就是顾及他人的尊严，不给别人难堪。这是善良，也是做人的修养。

不管我们处在什么位置，在别人犯错的时候，都要顾及别人的面子，委婉地指出他人的不足。在纠正他人的错误时，尽量不要使用讽刺、挖苦、粗俗的语言。这会让对方感觉人格被侮辱，心里会很不舒服。

因为一些小的错误而践踏一个人的尊严，总有一天，自己也会遭受同样的待遇。即使不是纠正别人的错误，与他人正常交谈的时候，同样也要顾及对方的尊严。不拆别人的台，不嘲笑别人，在争论时采用合理的方式表达自己的想法，是一个有教养的成年人应该掌握的谈话技巧，也是一个人具备的风度。

人们常说:"人活脸,树活皮。"上到七十岁的老人,下到三岁孩童,没有人不顾及自己的尊严。但是,在学习、工作的时候,有人却会忘记别人也是要保护自己尊严的。每个人都有自己的底线,一旦触碰,他们可能就会做出过激的反应。更何况人与人之间是相互的,你不顾及别人的尊严,别人又为什么要给你尊严呢?多说几句宽容、体谅的话,不仅可以减少对别人的伤害,还能为自己赢得好人缘,何乐而不为呢。待人处世,谨记:别让人下不了台。

张尧是一名公务员,在单位的人缘很好。单位的李大姐知道张尧还是单身,就张罗着给他介绍女朋友。

后来,通过李大姐,张尧认识了周一一,周一一的家境富裕,家里人很宠她,所以她性子很直,从来不顾及别人的想法。张尧想:被娇惯长大的女孩,本来就是这样的,反正她就是性格直接了一点,不过也没什么大问题。

不知不觉,两人已经交往了小半年。一天,张尧告诉周一一,周五要去火车站接自己的妹妹。

张尧的妹妹张玉今年刚考上大学,学校就在张尧的城市,她暑假来打工,是为了给自己赚点生活费。毕竟,家里条件一般,她自己赚点钱也能给爸妈减轻些负担。

本来,张尧是要自己去接妹妹的。周一一说,她也想去。于是,两人一起去了火车站。接了妹妹,他们就去吃饭了。点完菜,三个人就开始闲聊。

张玉看到周一一的手腕上戴着一个很漂亮的手环,就说:"姐姐,你手上这个好漂亮啊。衬得你的手更好看了。"

周一一听了很开心,说道:"漂亮吧!这是卡地亚出的新款。"

张玉问道:"卡地亚是什么?"

周一一很惊讶,居然有人不知道卡地亚。"卡地亚你都不知道啊?也太落伍了吧?"

张玉的脸一下子就红了,不知道该说什么。

张尧生气了,但还是温和地说:"你这么说话,实在是有些过分。说话的时候,顾及一下别人。如果我在其他人面前驳了你,你肯定也不开心。"

听了张尧的话,周一一知道自己有点"口无遮拦"了,当即给张玉道了歉。

故事中的周一一家境良好,从小被娇惯着,性格直接,说话不太在意别人的感受。生活中有很多"周一一",但并不是每个人都能像周一一那样,知道自己做得不对,就能立即道歉。而无论是谁,都很在意自己是否被尊重。这种尊重,不仅体现在行为上,更体现在语言上。

我们勤奋学习,努力工作、赚钱,都是为了过上体面的生活。而所谓的体面,就是得到他人的尊重。无论谁,被反驳了,都会不舒服。性格直爽不是问题,但性格中那些瑕疵,需要慢慢改掉。

面子看不见,摸不着,有些人会说,在乎面子的人是虚伪的。可是扪心自问,如果别人不顾及你的心情,对你使用语言暴力,你又是什么感受?每个人都希望被尊重,而伤害他人尊严的行为却是不可取的。

不管你是身居庙堂之高，还是身处江湖之远，都千万记得：懂得维护他人尊严的人，才能得到更多的尊重和喜爱。

## 妥协不是怯懦，是一种智慧

人活在世上，有时候需要妥协。因为妥协不是怯懦，是一种智慧。

最近，大乔因为跟室友的矛盾，让她异常烦恼。她想不明白跟那么多人合租过，怎么就偏偏跟晓晓合不来呢？并且还总是吵架。

晓晓其实是一个很成熟稳重的人，但是就是太骄傲。只要是她看不惯的事情，就一定要说出来。大乔呢，最受不了的就是别人说自己。她的性子又直，被说了就不开心，吵架是必然的。

有一天半夜，两人因为厕所的卫生问题，又吵了起来。吵完之后，两人就开始冷战，还过了一个多月"谁也不理谁"的日子。

这天，因大乔工作表现出色，得了奖金，开心过后，想起跟晓晓冷战的事情。于是她买了一个大大的蛋糕回家，切好后放在了桌上。并写了张纸条，压在蛋糕盒下面。

纸条上写着："我们和好吧。"

晓晓下班回来，看到桌子上的东西，笑了。她拿起一块蛋糕，敲开了大乔的房门，说："大乔，我们和好吧。"

就这样，一场"旷日持久"的冷战结束了。

很难想象，如果大乔不妥协，这场冷战会如何发展下去，以后两人的日子又会变成什么样子。

每个人的性格不一样，因此相处的时候难免会磕磕碰碰。有时候，直性子的人因为不妥协，激化了矛盾，就会引发大的纠纷。

也许在那些不愿意妥协的直性子的人看来，妥协是示弱与屈服的表现。但是在日常生活中，我们总会面临一些需要让步的局面。情侣间出现了矛盾、同事间出现了工作纠纷、朋友间出现了意见相左的情况，最后都必须有一方要做出让步，问题才能顺利解决。

与人交往时，和谐友爱才是理想状态。但很多人却认为，如果妥协了，就是放弃了自己的尊严，让别人践踏了自己的尊严。尤其是在自己正确的情况下，如果让步了，那就是认输。可是我们所遇到的事情，大多是无关原则的小事，哪有那么多大是大非呢。在不涉及原则的情况下，做一些让步，不是软弱，是宰相肚里能撑船，并且这种大度与宽容会让我们得到更多温馨和美好。

在我们的工作和生活中有很多人、很多事，是值得我们去珍惜的。但因为我们一时的赌气，和不愿妥协而永远地失去了。当然妥协并不是毫无理由地让步，而是为了和谐。因为每个人都喜欢在愉快的氛围中交流。

吴若雨与老公的婚姻已经进入第七个年头了，这就要进入"七年之痒"的魔咒了。可是她预想的争吵并没有出现。虽然两人也会有一些小摩擦，但是他们跟以前一样恩爱。

所以他们的"七年之痒"好像跟别人的不太一样。

一次，吴若雨在厨房洗一个玻璃瓶，瓶口有些窄，不太好刷。

老公进来看到了，说："我来洗吧。"

吴若雨是个急脾气，越是洗不到就越是要较劲。"不，我要自己洗干净。"她拒绝老公的帮忙。

"老婆，我来吧，你去歇会。"老公还是想帮忙。

"哎呀，我都说了，我自己来，你又不懂。"吴若雨不管不顾就说了出来。

老公的脸色瞬间就变了，但没说什么。

等老公走了，吴若雨才想起来，刚才自己说话的口气好像有些重。她放下手里的活，敲开了卧室的门。

"老公，我错了，刚才不应该跟你大呼小叫。"吴若雨说道。

"你怎么跟我认错了？但听了你的道歉，我已经不生气了。"老公笑着说。

"夫妻间，不能总是你妥协，我也要学着妥协。这样我们才能在一起一辈子啊。"吴若雨说道。

一桩健康的婚姻一旦出现了矛盾，必然要有一方做出让步。否则，一个人生气了，另一个人会更生气，关系就很难维持下去了。美满的婚姻，取决于关系中的两个人是否成熟。故事中的女主人公，懂得妥协，知道换位思考，并站在对方的角度思考问题，从而成功地化解了夫妻间的矛盾。其实处理其他的关系，也是同样的道理。多体谅对方的难处，就能谅解他人。多点宽容，多点妥协，你会发现，这个世界变得温柔了。而自己的生活也变得更美好了。

当然，妥协的目的都是为了更和谐。而妥协也代表着一种态度，所以无论怎样，都要把生活过好，让自己更幸福。试想，一段关系中，双方起了争执，谁都不肯让步，生活又会变成什么样子？

有些时候，我们无法改变环境，只能试着去改变自己，这是生存策略，也是做人的智慧。适当地让步或者妥协，不但能促进人与人之间的和谐，同时还会让我们的生活变得更美好。

## "善听者"，能成大事

能够辨别风向的船长才能使好舵，做人也是同样的道理。懂得察言观色，才能更好地了解别人的想法。

乍一看，白阳是个特别不错的人，性格直爽，工作勤奋。但是他的人缘并不是很好。很多时候，他根本意识不到自己的话对别人的影响。

同事刘畅买了条新裙子，大家都夸漂亮，只有白阳说："你这条裙子是红色的。你皮肤不白，不适合你。"他只顾自己说没有发现刘畅已经很生气了。

同事小顾分期付款买了最新款的 MacBook，一起吃饭的时候，小顾跟大家分享这件事。有人说，小顾有魄力，如果是他们肯定下不了决心去买。有人询问首付的价格，有的人问 MacBook 性能怎么样。见状，白阳却说："你有付首付的钱还不如买个其他品牌的超薄本呢，现在还得背着债。"听了他的话，小顾很生气，白阳却没有意识到。

实习生小敏要坐长途火车去武汉看男朋友。大家都说，小敏好幸福。白阳又开始唱反调了，他说："如果我是你男朋友，不是来看你，就是给你买飞机票。你坐那么久的火车，多辛苦啊。"他的话让小敏本来含笑着的双眼一下子黯淡了。而白阳并没有意识到，随意地否定别人的幸福，是一件很糟糕的事情。

故事中的白阳总认为，自己是直言不讳。可他却不知道，他的这种行为很"愚蠢"，也很讨人厌。诚然事事恭维别人很虚伪。但总是直言别人的痛处更让人讨厌。待人处事，不会或者不屑于察言观色，其实是一件很糟糕的事情。

察言观色是我们与人交往的重要技能，与个人的情商有着密切的关系。总是心里想什么就说什么，别人不会认为你是性格直爽，只会认为你情商低。某种程度上，擅长察言观色的人，能敏锐地感知他人的情感及其心理状态的变化，事实上他们的能力也强于不谙此道的人。因为他们能够准确地捕捉他人的心理状态，并且做出合理的反应，所以他们与他人交往时容易获得良好的人际关系。

心理学上有一个词语，叫"侧写"。就是通过一个人的表情、动作，来判断他的想法。这种方法曾经帮助公安系统破获了很多重要的案件。可见察言观色，是件多么重要的事情。

对人际交往能力差，性格又直爽的人来说，察言观色是一大利器，它能改善不和谐的人际关系。而在日常生活中，对别人的行为、语言、表情或者一些不经意的小动作有着比较敏锐的观察，就能迅速地了解对方的想法，并避免尴尬或者令对方不开心。

明朝的时候，一位读书人经过三科考试，最终进入了山东某县县令的候选。

去拜访上司的时候，读书人有些局促，不知道该说些什么。

忽然他好像想到了什么。抬头问道："大人尊姓？"

上司有些奇怪，但还是回答道："姓某。"

问完之后，他又不知道该说什么了，低着头想了一会儿，说道："大人的姓，百家姓里好像没有。"

上司有些气恼，来拜访上级，居然不先打听一下他的状况。上司面上有些愠怒，但还是回答道："我是旗人。"

可他却没有看到上司的表情，而是将心里的想法一股脑儿说了出来。"您是哪一旗的人呢？"

听了他的话，上司不耐烦地回答："正红旗。"

见状，他来了劲，说道："正黄旗是最尊贵的，您怎么不是正黄旗呢？"

他的这句话让上司非常生气，说道："那你是广西的人，当然在广西最好，又为什么到山东来任职呢。"说完，上司拂袖而去，留下他在原地傻了眼。

后来，他被免了职，回家乡做了一名教书匠。每当有人问起他被罢官的事情，他总是会说，是自己心直口快，得罪了上级。但事实上，是他不懂得察言观色。

故事中在上司口气不好的时候，读书人就应该意识到：上司不开心了。可他偏偏不懂得察言观色，硬是丢掉了好不容易得来的官位。在人际交往中，懂得察言观色，随机应变，是一种高超的本领。可是总有些人认为这是不足挂齿的行为。而事实上，那些不屑于察言观色的人，日子过得并不惬意。

人际交往是一门很深的学问，察言观色则是入门的技巧，掌握了这项技能，就能在复杂的人际交往中游刃有余了。

那么，直性子的人怎样才能学会察言观色呢？

首先，要调整好自己的心态。想要学会察言观色，就必须调整好自己的心态，让自己变得稳重起来。每个人说话、做事，都是心理状态的外在表现。当听别人说话的时候，想想对方为什么要说这句话，他的立场是怎样的？而他说这句话的起因又是什么？最后，结合对方的性格，判断自己该做出什么样的反应。但直性子的人很少会想到这些，这是心态的问题。只要有耐心就能学会察言观色。

其次，要用心倾听对方的话。语言，是最能直接反映对方心里想法的工具。一个人的表情、行为、动作，都是辅助其表达情绪、想法的方式。只有用心了，你才能感受到对方的情绪变化，才能在交谈中，说出让人如沐春风的话。

最后，不要在别人表达的时候先开口，这样也许会给自己造成不必要的麻烦。所谓"言多必失"说的就是这个道理。与人交往时，也不要太过拘束，太过紧张反而会露拙。耳朵多听，眼睛多看，心里多想，等别人说完了，缓几秒钟再开口。而多数情况下，那些脱口而出的话，往往让他人很不愉快。所以即使你是个直性子，也要学会察言观色。

## 要想办成事，应酬少不了

中国是个人情社会，讲究面子问题。而一个人要想办成事，必要的应酬是少不了的。

石磊是个直肠子的人，不喜欢的事情就直接拒绝。他工作认真，为人诚恳，性子虽然直了一点，却并没有引起同事的反感。

最近，石磊想竞争一下公司部门经理的职位。他想自己工龄也够了，工作又勤奋，升上去的可能性很大。于是他就更加认真地工作。

几个星期后，部门经理的人选公布了，是王宣而不是他。石磊有些沮丧。

石磊觉得自己的能力要比王宣强，他想知道自己为什么落选，于是就去找总经理。

总经理对石磊说："你的能力强，我知道。但是部门经理不仅仅需要能力强，还需要参加一些必要的应酬。毕竟作为部门的管理者。能力是否强，只是候选者的评选标准之一。你总是缺席各种活动，我很担心，你是否能处理好上司以及下属间的关系，能顺利地与客户洽谈好订单。"

总经理的话让石磊知道自己的问题出在哪里，他总觉得，应酬只是在浪费时间，与工作毫无关系。现在看来，是他想得太简单了。

作为职场人士，参加各种应酬是不可避免的。故事中的石磊总认为，这些应酬没什么意义，自己又不喜欢。但实际上，应酬是一门很深的学问，需要个人有较高的综合素质。那些能在觥筹交错的环境下，游刃有余的人，往往会成为活动上的焦点，会让众人对他产生深刻的印象。而在这种情况下，要想办成一件事情，就非常容易了。比如，在同一个行业内，巨头后面的三四家企业的实力都相差无几。在实力相差不是很悬殊的情况下，管理者会选择自己喜欢的企业并与之合作。即使是个人，也会对自己喜欢的人有私心，在他有困难的情况下，也会伸出援手。

所以对中国人来说，应酬是必不可少的活动。不管是生意洽谈，还是家庭聚餐，应酬都是解决问题的重要场所。家庭聚会不仅能品尝到美食，还能加强亲人间感情的交流；同事间经常一起吃饭、玩耍，可以增进彼此的感情，工作也会更顺心；与生意伙伴在餐桌上高谈阔论，有助于合作的达成。这就是为什么许多人喜欢在餐桌上做出重要决定。既然大环境如此，而我们自己又无力改变，那就要努力地去适应它，并且做到最好。

除此之外，应酬对很多人来说，还是一件很有乐趣的事情。在与各种各样的人交往时，既看到了新鲜的事物，也增长了见识。

孙坚是一个在职场中打拼了五年的老员工，可是，已经工作五年了，他的职业生涯还是没有什么起色。孙坚也很苦恼，看着一起毕业得同学的职位"蹭蹭蹭"地升，他心里很不是滋味，但是总也找不到问题根源所在。

在仔细想过后，孙坚打算辞职。于是，他就给领导发了辞职邮件，询问辞职的具体事宜。他想换个环境。

知道了孙坚想辞职，领导发了微信问他："为什么想辞职？"

孙坚直言道："想换个环境，感觉没有什么晋升的可能。"

领导回复他："你有没有想过，为什么升不上去？"

孙坚说道："不知道，所以我才打算辞职。"

领导回他："公司组织的一些聚会，你总是能避就避，同事关系也就没那么好。而你自己又不喜欢应酬客户，做的工作自然也就无法给公司带来大的经济利益。一个管理者，要运筹帷幄，能处理好各种人际关系；能力出众，能为公司创造直接的经济价值。"

孙坚一直以为自己能力还可以，看了领导回复的消息，才明白，在他看来不重要的应酬，原来是那么重要。

领导跟他说："你也工作五年了，该学着去参加一些必要的应酬了。即使是我，求人办事的时候，也得出去应酬。你还是得多学啊。"

应酬指的是为了实现某些目的，去做一些自己不愿意做，但又必须做的事情，而这些事情大多与我们有着间接或者直接的利益关系。

应酬是一门复杂的学问，因为参加应酬的人需要把握好活动中说话的时机，熟悉餐桌上的规矩，这一点非常重要。不同的人有不同的习惯，有时候，一个小小的错误就可能毁掉一个合作的机会。而能在应酬中闪耀的人，大都具备了丰富的经验、敏锐的观察力和优秀的学习能力。因此应酬这种事情，还是需要多锻炼。

而有些直性子的人，碰到应酬就会躲避，他们认为应酬做的都是表面文章，不仅虚伪而且毫无意义。其实在应酬中我们能解决很多问题，而且在应酬的过程中，我们会自然而然地放下戒备，在轻松的环境中，呈现出一个人最真实的状态。比如，有些管理者，开会的时候严肃认真，让人望而生畏。但是一到应酬的场合就谈笑风生，让人感觉像变了个人一样。因此在这种轻松的环境中，很多想办的事情自然而然就办成了。

此外，应酬也是最容易拉近人们心理距离的方式。

## 做人不能奸诈，但可"世故"一点

"世事洞明皆学问，人情练达即文章。"这是一句很多成功人士耳熟能详并认真践行的谚语。

每到周五，王雨所在的公司总会分发一些包装精致的小蛋糕给员工。王雨不喜欢吃蛋糕，所以每次发了小蛋糕，她都送给一起工作的同事钱多多。

起初，钱多多很感谢她，"你真好，谢谢你啦！"并且钱多多是个直性子，心里有事憋不住。见一个人就说王雨送她小蛋糕的事情。

可是，时间久了，情况就变了。周五，公司又发了小蛋糕。王雨本来不喜欢吃蛋糕，但是忙了一天没吃东西，她想垫垫肚子，于是就把小蛋糕吃了。

钱多多回来的时候，看到自己桌子上只有一个小蛋糕，很不开心。

她走到王雨的工位上，问她："今天的小蛋糕你怎么没给我？"

"啊？"王雨没想到钱多多会质问自己，有点蒙了。反应过来后，说道："那个蛋糕本来就是我自己的，我送给你，你该谢谢我。我不给你，也不需要向你解释啊。"

王雨的话让钱多多哑口无言。但她还是逢人就说王雨的不是。后来，两人的关系变得很僵。

故事中的钱多多已经忘记了，小蛋糕本来就是王雨的。她习惯了王雨的给予，就忘记了感恩。做人直爽是好事，但是一点人情世故都不懂，就像故事中的钱多多，没有收到王雨的小蛋糕还去质问王雨，这就不是一个心智成熟的成年人该做的事情。

有些人会说："我才不会那么虚伪，更不会曲意逢迎，我要做一个坦荡荡的直性子。"

而世故，指的是熟悉世俗人情，待人处事圆滑周到。这个词，其实并没有贬义的意思。相反，它强调的是为人处世的时候，应该照顾别人的感受。

而很多性格直率的人，并不懂得如何委婉地表达自己的想法。他们过度地崇拜"直言"，却忽视了这些话会给他人带来什么影响。其实，如果他们注意一下自己的言行，多懂一些人情世故，人生之路就会更顺畅一些。

凡是有所成就的人，无一例外都明白：人情世故是人生的一个重要课题。因为他们了解社会的本质，知道人际交往的准则，所以待人处事时大多都很善解人意。知道对方需要什么，并能更好地实现自己的目的。究其根本原因，是因为他们懂得人情世故。

某种程度上说，人情世故对一个人的成功有着很大的影响。做人太奸诈，会让他人误以为你很阴险。可是性格太直了，又会承受较大的生活风险，所以做人可以"世故"一点。

小优特别崇拜霍刚，她总觉得霍刚性格那么直率，见到不合理的事情都要指出来。就连他的博士生导师，做错了事情，他也会直言不讳。尽管如此却没有一个人说他不好，相反大家都很喜欢跟霍刚一起玩。反观自己，总是跟室友处不好关系。小优是心直口快，但总是直言别人的缺点，本以为性格直的人都是这样的，可认识了霍刚后，她才知道，其实是自己有问题。

周末，小优约了霍刚去吃饭，她想向霍刚讨教一些做人的方法。

小优没有绕弯子，对霍刚直接说出了自己的困惑。

听了她的话，霍刚笑了，说道："以我的观察，你其实是太直了。你应该学一点人情世故，做人嘛，世故一些也没什么，我们都是成年人了。"

小优说："我不太明白你的意思。"她一直以为做人世故了，不太好。

霍刚说道："说得简单点，世故就是多注意细节，要有礼貌，适度地夸奖别人，毕竟谁都喜欢听赞美的话，懂得与别人分享，不要'吃独食'。其实，这只是一些做人的规则而已。"

霍刚的话让小优似乎有点明白了，霍刚性格直却有好人缘的原因了。反思自己，好像只是性格直了些，却不懂一点人情世故。

纵观历史上那些不懂人情世故的名臣们，最后都似乎落得了个被诛杀的下场。所以我们要得到自己想要的东西，就必须了解社会的生存法则，否则，就会撞得头破血流。

我们不仅要适应社会环境，还要学会人际交往的技巧。世故一些，懂得让事情有缓和的空间，这并不是扭捏，而是成熟。一些人会说，我性格就这么直，我能力也强，不需要学会人情世故。可是这样的人，真的活得很好吗？

那些鄙视人情世故的人，也许能生活得很好。但是同样起点的两种人，恐怕还是了解人情世故的人，能更快地实现自己的目标。而生活的本质就是你好我好大家好，做事认真，懂些人情世故，其实并不是一件坏事。

## 勇于认错

意识到自己犯了错，就要主动承认错误，这是一件非常需要勇气的事情。但是年纪越大，我们就越是羞于承认自己错误。

苏浅的父亲秉承了严厉的教育方式，如果苏浅做错了事情，他非打即骂。因此父子俩的关系一直都很生疏。直到苏浅研究生毕业，参加工作几年了，父子间的关系还是一样的疏远。而且苏爸爸即使知道有些事情是自己做错了，也不会轻易低头承认错误。苏浅的性格也跟父亲很像，女朋友总是说让他改改，他总是嘴上答应，过后还是原来的样子。

一次，两人因为一些事情吵架，女朋友生气了好几天，而苏浅却拉不下脸去承认自己的错误。

苏浅的爸妈很喜欢他的女朋友，看两人似乎都在生气。于是苏爸爸就给苏浅的女朋友打了个电话，"丫头，你是不是跟苏浅生气了？你别跟他计较，原谅他吧。"

听到是苏爸爸说话，苏浅的女朋友恭敬地说道："叔叔，这次他确实有些过分。苏浅是个直性子，有什么说什么，知道自己错了，那就说自己错了就好了。可他明知道自己错了，就是不承认。每次都是我生气了，他才勉强认错。"她知道自己不该跟老人家说这种事，但这次苏浅再不改，她真的走不下去了。

"他性子随我，你多担待点。丫头，我们都特别喜欢你。"苏爸爸说道。

故事中的苏浅继承了父亲的性格，即使知道自己犯了错误，也拉不下脸承认错误。确实，人的年纪越大，就越来越缺乏承认错误的勇气。很多的时候，很多人认错也并不是心甘情愿。而性格直的人，会更好面子，更放不下架子去承认自己的错误。那么，他们不能心甘情愿承认自己错误的原因是什么呢？

第一，面子问题。成年人阅历丰富，喜欢用自己丰富的人生经验来碾压其他人，但是假如别人比他们阅历更丰富，指出了他们的错误，他们会开心吗？

第二，责任风险。对成年人而言，自觉承认错误，就代表着要承担相应的责任。这种责任可能是失去工作，遭遇信任危机，或者是经济上的代价。如果不承认错误，就免了承担责任。即使被"强迫认罪"，承担的责任也会少很多。

大多数情况下，人们知道自己做错了，第一反应就是找借口，为自己开脱。不管这个理由多么牵强，只要有了借口，就会心安理得，甚至越想越觉得自己没做错。

但是作为一个成年人，知道自己做错了，并勇于承认自己的错误，才是正确的、有修养的行为。才会获得别人的敬重。

在加拿大，有一所非常知名的建筑院校，叫作加拿大工程学院。它之所以出名，是因为它勇于承认自己的"错误"。

1900年，魁北克大桥开始修建，横贯圣劳伦斯河。当时，负责修建大桥的主设计师是Theodore Cooper，他为了节省建造成本，擅自延长了大桥主跨的长度。可就在大桥即将竣工的时候，发生了严重的垮塌事故，并造成七十多人死亡，多人受伤。而事故的原因就是：Cooper在修改大桥的主跨长度时，忽略了桥梁的承重，桥梁主体因此而垮塌。

而Cooper的母校，加拿大工程学院，因为这一严重事故，声誉扫地。可是学校并没有掩饰、隐瞒这件事情，而是筹资买下了大桥的钢梁残骸，打造成了指环，取名"耻辱戒指"。每年的建筑毕业生，都会领到这样一枚戒指。

故事中加拿大工学院用特殊的"认罪"方式，为大家讲述了一场"知耻而后勇"的精彩哲理故事。人非圣贤，孰能无过。犯了错，并不可怕，可怕的是，明知道自己犯了错，还死活不承认，并试图掩饰自己的错误。

　　意识到自己犯了错，就要勇于承认自己的错误，这本来是顺理成章的事情。但是有些人总认为主动承认错误，有损自己的尊严，所以他们能逃避就逃避。甚至有人会硬着头皮不"认罪"，最后的结果只能是错上加错。即使有些人被逼着承认了错误，也会愤愤不平，好像他们认错是不应该的事情。

　　实际上，主动认错有助于消除彼此间的矛盾、恢复双方的感情。假如能正视自己的错误，心甘情愿地"认罪"，最终，人们只会忘记你所犯的错误，而记住你勇于认错的行为和态度。因为勇于认错是一种优秀的品质，而这种品质会给我们带来很多好处。所以放下所谓的面子，我们就能获得很多快乐。

# 第八章

停止无效社交,
应酬有质量关系有能量

## 社交不在多,有效则灵

"众人拾柴火焰高",通常人们会认为人越多,人际关系就越充实,然而,事实并非如此。

当你受到了委屈,想找人聊聊天时,却发现自己虽然有很多的朋友,但是有的相距甚远,有的久未联系,翻遍了手机却找不到一个可供诉苦的对象;当你事业遇到困难,急需一笔资金周转的时候,你才发现身边围着的都是酒肉朋友,平时喝酒吃饭都很在行,可是一谈到钱,个个都像躲瘟神似的唯恐避之不及;当你的父母生病住院,而你在外地一时赶不到医院的时候,才发现在这偌大的城市中居然找不到一位能代替你临时照顾父母的人……如果遇到了这些情况,那说明你的人脉有问题了,也可以说虽然你拥有很多的朋友,但是人脉的支持力很低。

其实,事物的发展有多个阶段,在人脉发展的最初阶段必定是人数愈来愈多的时期;否则,没有一定的人数基础,人际关系是不可能充实的。然而最重要的，还是你能否有意识地增加人数，而不是盲目地将所有认识的人及其认识人的人际关系统统纳入自己的人际关系网。我们在生活中也深有体会，名片与电话簿上的电话号码越来越多，但是好多是用不上的。

所以，真正的人际关系不是用名片或电话号码的多少来计算的。尽管某个时期的人数不断增加，却并非意味着人际关系进入了充实期。充其量，它只能算作通往充实期的准备阶段而已。

当累积的人数增加到一定程度时，你就必须进行整理了。首先的区分是，你应该将仍然保持联络的和已中断联系的人际关系区分开来。经过整理，仍然保持联络的名片张数必将减少。因此，只看到名片张数增加就高兴不已的人，是根本无法建立人际关系网络的。不过，名片不断增加的时期也是绝对必要的。倘若不历经这一时期，必定无法抵达充实期。因此，在整理名片之际，你不必因为仍然保持联络的名片张数减少而担忧。

相反，这是你人际关系整体充实的证据。试想一下，当你目前的工作告一段落，展开新工作时，名片的张数也必定会随之增加，尤其你跳槽或者更换职业时，这种情形最为明显。当新工作开始步入轨道正常运转时，人际关系又会逐渐减少。中途因工作关系参加各种活动时，名片又将再度增加。这种增减的重复，在人际关系成长过程中是十分必要的。

如果只盲目追求名片张数的不断增加，你和每一个人之间的关系必定会越来越薄弱。因为比起和熟人碰面的机会，你会更热衷追求结识新人的机会。那么，在这种情况下，熟人碰面的机会都没有了，还谈何人际关系的充实呢？所以说，无论什么，只要数量减少，质量必然增加。只有这样，你和每一个人才能缔结出深厚的交情。

## 有些人带来机遇，有些人则会让你陷入僵局

六度分隔理论告诉我们，最多通过6个人，我们就可以和世界上任何一个人取得联系，进而通过交往成为朋友。可是，并不是每一个人都值得我们花费精力与其交朋友，因为有些人带来机遇，有些人则会让你陷入僵局。带来机遇的是"良友"，而让我们陷入僵局的就是"不良朋友"了。

看看我们的周围，生活中既有助人为乐的好人，也有作奸犯科的坏人；工作中会遇到无私奉献的君子，还会有处处刁难的小人。与人交往自然什么样的人都可能遇到，结交到好朋友或者贵人，对一个人成就一番事业无疑会带来难以估量的帮助；同样，交到不好的朋友甚至"不良朋友"，对一个人的负面影响也是难以估量的。因此，为了取得成功，每个人都应拒绝那些会让自己陷入僵局的人。

根据美国研究人员的最新发现，如果一个人感到疲惫、崩溃、缺乏自信或者生活和工作陷入僵局，不只是与自己的个人能力有关，还可能与身边出现"不良朋友"或与某类"不良朋友"保持友谊有关系。所谓"不良朋友"，就是指那些用言语或行为给人带来困扰，让人感到精疲力竭、灰心丧气，最终破坏别人生活的朋友。

其实，任何一个人都清楚"不良朋友"不值得交往，自然也不会喜欢和这类人保持人际关系。有些"不良朋友"是显而易见的，他们有能力也有意识地勾起别人的痛苦回忆，并且在交往过程中让别人不舒服、不痛快。针对这样一眼就能看出的"不良朋友"，任何人都可以毫不迟疑地痛下决心，坚决对其说"不"，并立即剔除。

但有些"不良朋友"却是隐蔽而难以发觉的。古语云："画虎画皮难画骨，知人知面不知心。"很多"不良朋友"并不是以大是大非、大奸大恶的形象出现；相反，我们很可能都曾被他们的一些行为感动过，或从小和他们一起成长，直到某一天才不知不觉发现，恰如人们通常所说的"不良朋友"真的是常常触到自己的痛处，却又偏偏顶着朋友的帽子，让人感到不舒服却又无从下手，恼怒却又很难磨开面子。

根据美国心理咨询师的综合统计，总结出了几种"不良朋友"的类型：

（1）暗中破坏型。这样的朋友会打着关心别人的幌子，经常暗示性地批评别人的外表、习惯及行为方式。

（2）滔滔不绝型。他们想尽办法要成为被关注的焦点，让别人围着他转，只有他能说话，别人只能当听众。

（3）自私自利型。以友谊为要挟，不管别人死活，逼别人迁就，比如明知别人第二天一早有重要的约会，还要别人陪他玩到夜深。

（4）惯于毁约型。约好了去逛街，但如有更好玩的约会，会毫不犹豫地在最后一刻甩掉别人。

（5）多愁善感型。他们总是向别人哭诉抱怨，却不去解决问题，令别人筋疲力尽，把别人当作不收费的治疗师。

由此可见，"不良朋友"其实在社会中并不少见，相信每个朋友身边都会有那么几个"不良朋友"。对于不同类型的"不良朋友"应该采取不同方式坚决对其说"不"：

（1）对于暗中破坏型的朋友。在与他们交往的过程中，要有鉴别、有选择性地听取他的语言，特别是批评性语言，考虑其言语中的合理性和科学性成分，必要时就"走自己的路，让他说去吧"。人生是一个从失败中吸取教训建立自信的过程，重点不是改正缺点，而是发挥长处。一味地提示缺点，使人产生心理暗示，强化缺点，只能使事情更糟糕。

（2）对于滔滔不绝型的朋友。一方面要倾听其语言，这可能是朋友之间一种愉快的分享或不快乐的分担，这是作为朋友的一种义务，但在适当时机我们要表达出自己的意见和建议；另一方面，如果仅仅是把我们作为他的一个听众，那么我们就可以在听他喋喋不休时，或者心不在焉，或者做自己的事，必要时告诉他我有太多的事需要完成，等完成这些事之后再听他说，这样他就很知趣地少说或不说了。

（3）对于自私自利型的朋友。可以根据他需要帮助的实际程度提供必要的帮助，尽朋友之义，要让他知道你是一个有情有义之人，也是一个有原则的人；而不能让其认为你是一个容易受到要挟的人。

（4）对于惯于毁约型的朋友。对与他的约定不要太当真，必要时自己故意失约几次,"以其人之道,还治其人之身",让他知道"毁约"的影响与滋味。对朋友守信,不要把不守信的人当作你的朋友。

(5)对于多愁善感型的朋友。一方面在一定程度上倾听他诉说,给予一定安慰;另一方面也要告诉他,你对他的事情无能为力,建议或推荐他到专业的心理咨询师那里,效果可能会更好。每个人都应该为自己负责,所以他也没有权利要求朋友听他无休止的抱怨,同样你也没有义务为只会抱怨却不去解决问题的朋友当治疗师。

每个人都需要朋友,每个人都希望多些"良友",少些"不良朋友"。中国有句古话叫"己所不欲,勿施于人"。因此,除了专家建议的定期清理自己的朋友资源外,我们也要不断反省自身,说不定我们自己就是别人眼中的"不良朋友"。

## 给你的社交把把脉,区分"损友"和"益友"

有些时候,我们会因为追求广泛的人脉,一不小心让人脉账户里生出一些"杂草"。这些"杂草",就是我们在聚集人脉的时候交往到的一些"不良人士"。在我们的一生中,我们结交的朋友和与朋友相处的环境,对我们的一生会产生很大的影响。可以说,有着怎样的朋友,就会有着怎样的命运,总之人脉圈就像一个大染缸,能把你染红,也能把你染黑,关键在于自己的选择。

《伊索寓言》中有一个故事:

一只虱子常年住在一个富人的床铺上,由于它吸血的动作缓而柔,富人一直没有发现它。一天,朋友跳蚤拜访虱子。虱子对跳蚤的来访目的、个性性情,一概不闻不问,热情招待。它还主动向跳蚤介绍说:"这个富人的血是香甜的,床铺是柔软的,今晚你一定要饱餐一顿!"跳蚤梦寐以求,当然满口答应,巴不得天快黑下来。

当富人睡熟时,早已迫不及待的跳蚤立即跳到他身上,狠狠地叮了一口。富人大叫着从梦乡醒来,愤怒地令人搜查。身体伶俐的跳蚤一下蹦走了,不会跳跃的虱子自然成了不速之客的替罪羊,身死人手。它是到死都不清楚引起这场灾祸的根源。

正如这个寓言所要传达的意思,在选择朋友时要有自己的准则,要努力与那些乐观进取、品格高尚的人交往,这样可以保证自己有一个良好的学习和生活环境,让自己获得丰富的精神食粮以及朋友的真诚帮助,在好的环境中潜移默化地达到更高的程度。这正是孔子所说的"无友不如己者"的意思。

相反,如果你择友不慎,结交了那些行为恶劣、思想消极、品格低下的人,你会陷入这种极坏的环境难以自拔,甚至受到"恶友"的连累,成为无辜受难的"虱子"。

假如我们已不慎交上坏朋友,应采取敬而远之的态度。

总体来说要慎交以下这几种朋友:

**1. 吹嘘有靠山的人**

一些到处吹嘘、宣扬自己有靠山的人总是在别人不问及这种事时,主动把这个"秘密"得意扬扬地说出来。对这种人,绝对要小心。

如果你详加调查，就会发现如下的事实：他说的交情匪浅的前辈，根本就不屑与他为伍；他说的有力人士，原来是虚构的人物；他说的大教授，人家根本就不认识他。

2. 因人而变的人

在下属面前，总是摆出领导的臭架子，一副唯我独尊的样子；可是，在上司面前就摇身一变，像伺候国王那样，毕恭毕敬。

这一类型的人，具备"善变"的本领，而且天天琢磨此技，其编造口实、假装正经的技巧越来越高明。虽然在当前，好像不会让你受害，但你若太大意，有朝一日，定会掉入他的巧妙圈套或陷阱里，使你元气大伤。

3. 搬弄是非的人

不要以为把是非告诉你的人便是你的朋友，他们很可能是希望从中得到更多的谈话材料，从你的反应中再编造故事。所以，聪明的人不应该与这种人推心置腹。而令他们远离你的办法，是对任何有关你的传闻反应冷淡，不予作答。

4. 嘴巴甜的人

这种人开口便是大哥大姐，叫得自然又亲热，也不管他和你认识多久；除此之外，还善于恭维你，拍你马屁，把你"哄"得麻酥酥的。这种人因为嘴巴伶俐，容易使人毫不设防，如果他对你有不轨之图，你陶醉不就上了他的当？而且，你会因为他的奉承而不去注意他品行上的其他缺点，容易把小人当君子，把坏人当好人。

此外，这种人可以轻易对你如此，对别人当然也可如此。所以，碰到嘴巴甜会奉承的人，年轻人必须升起你的警戒网，和他保持距离，以便好好观察。如果你冷静地不予热烈回应，假使对方有不轨之图，便会自讨没趣，露出原形。不过，为了避免"以言废人"，你不必先入为主地拒他于千里之外，但是得时刻警惕。

择友时一定要在"良"字上下功夫。固然，"金无足赤，人无完人"，我们选择的朋友，尽管也会有这样那样的不足或缺点，但必须大部分是好的，能从他身上学到很多你没有的品质，他能与你坦诚相处，道义上能互相勉励，当你有了成绩能与你分享，有了过错能严肃规劝你。把这样的人编织进你的人脉网，会成为你前进的动力。

## 像打理衣柜一样，做好社交清理工作

在工作与学习的过程中，搜集与组织自己的关系网是有可能的，但试图维持所有关系似乎是不可能的，而想要在现有的人际网络内加进新的人或组织就更加艰难。因此，在组建人际关系网的时候，必须学会筛选放弃。换言之，你必须随时准备重新评估早已变得难以掌握的人际网络，对现有的人际关系网重新整理，放弃已不再对你感兴趣的组织和人，等等。这是生活中我们必须做的。筛选虽然不易，但仍是可以做得到的，有失才有得，才有更好的人生。

国际知名演说家菲立普女士曾经请造型顾问帕朗提帮她做造型

设计，帕朗提提出要先清理她的衣柜看看。菲立普女士说："整理出来的衣服总共分成三堆：一堆送给别人；一堆回收；剩下的一小堆才是留给自己的。有许多我最喜欢的衣物都在送给别人的那一堆里，我央求帕朗提让我留下件心爱的毛衣与一条裙子。但她摇摇头说道：'不行，这些也许是你最喜爱的衣物，但它们却不适合你现在的身份与你所选择的形象。'由于她丝毫不肯让步，我也只得眼睁睁地看着自己的大半衣物被逐出家门。我必须学着舍弃那些已不再适合我的东西，而'清衣柜'也渐渐地成为我工作与生活的指导原则。不论是客户也好，朋友也好，衣服也罢，我们必须评估、再评估，懂得割舍，以便腾出空间给新的人或物。我也常把这个道理与来听演讲的听众分享，这是接受并掌握生命、生涯不断变动的一种方法。"

衣柜满了，需要清理与调整，以便腾出空间给新的衣服。同样的道理，人际关系网也需要经常清理。很多时候，当你要跟某人中断联系时，你根本无须多说什么。人海沉浮，当彼此共同的兴趣或者话题不复存在，便是分道扬镳的时候，中断联系其实是个顺其自然的过程。

清理人际关系网的道理和清除衣柜类似。帕朗提容许菲立普女士留下的衣服，当然是最美丽、最吸引人也是剪裁最得体的几套。"舍"永远不是件容易的事，虽然有遗憾，但从此拥有的不仅都是最好的，更重要的是也有更多空间可以留给更好的。

如果我们对自己的人际网络做同样的"清除"工作，在去粗取精之后，留下来的朋友不就都是我们最乐于往来的吗？我们应该把时间与精力放在自己最乐于相处的人身上。在平时需要奔波忙碌于工作、社交与生活之间的我们，筛选人际关系网络是安排生活先后次序的第一步，也是简化我们生活的重要一步。

因此，学会筛选你的人际关系网，放弃那些对自己没有太多帮助和对自己没有多大兴趣的人，把主要的精力放在对自己未来发展有利的人身上，这样可以让你更好地掌控你的人脉、生活与事业。

## 你的社交中是否有这样的朋友

和最要好的朋友彼此交往愉快，能互相取长补短，那么在一定时间内你们还可以称为是真正的朋友。然而一旦在你们之间产生了利害冲突，就很难保证这段友谊不会变质。最糟糕的是，如果密友从你背后用力一击，那可能是最致命的。因为在那些亲密接触的日子里，他们早就掌握了你的"死穴"。

芳芳是一个开朗乐观、美丽大方的女孩，进大学的第一天，她就和宿舍的其他姐妹熟悉起来。即使是内向的小洁也无法拒绝她热情的微笑，两个性格截然不同的女孩很快成了无话不谈的好朋友。

芳芳漂亮、活泼，又多才多艺，她会打排球，还拉得一手小提琴，所以很快就成为学校里的风云人物。到大二的时候，芳芳当选了校学生会的文艺部部长，她很忙，忙着组织各种活动，忙得顾不上吃饭、睡觉，甚至是学习，因为小洁是她最好的朋友，所以很多事情她自然会想到请小洁帮忙。"小洁，今天中午帮我买一下饭啊！""小洁，帮我复印一下这份笔记好吗？"一开始小洁都会毫无怨言地帮她做这些事，可是次数多了，敏感的小洁觉得自己俨然是芳芳的使唤丫头，芳芳又喊她帮忙时，她冷着脸说："我是你的保姆啊？"芳芳诧异地看了她一眼，"你没事儿吧？"也没放在心上，说完就去忙其他的事了。

在校园里，像芳芳这样的女生自然会得到许多男生的青睐，隔三岔五就会有男生捧着鲜花或者各种零食来宿舍找她。她很大方，鲜花往宿舍桌上的大花瓶里一插，至于零食，大家共享。她是好意，可小洁不知怎么就觉得她是在向大家炫耀，每次看到那些美丽的鲜花，小洁总会觉得心里堵得慌。

大二下学期的时候，学校里有两个去国外访问的学生名额，芳芳幸运地获得了其中的一个，在为她送行的班会上，小洁勉强地微笑着，内心却愤愤不平：同样是人，为什么她就这么幸运呢？

在那天晚上，小洁终于不能控制自己，她以芳芳高中同学的身份写了3封极尽编造之能事的匿名信，分别寄到学校、系里和学生会。由于平时芳芳说过很多自己的情况，她编造起来居然滴水不漏。信里的内容迅速传开了，校方信以为真，取消了芳芳的出国名额，老师、同学都用异样的目光注视着芳芳，她在人们心中成了卑鄙、欺骗的代名词，这对于一向自信、阳光的芳芳，绝对是一个致命的打击。

她日渐沉默和消瘦,几乎不和任何人说话,每天苍白着脸游荡在教室和宿舍之间。虽然后来证明匿名信中的内容全是谎言,芳芳还是选择了退学。她悄悄地办好了手续,悄悄地收拾好东西离去,没有向任何人告别。从匿名信中那些逼真的细节,她一眼就看出是谁的大作。与失去出国机会相比,被最好的朋友出卖让她受到了更大的伤害,这件事在她心中留下了永远的阴影。

如果当初芳芳能对小洁多点戒备之心,就不至于落到这样的结局。

人生从某种角度看也是一场战争。在这种战争中,为了求生存,必须要有慎重的生活方式和态度,这样才不至于上某些人的当,吃大亏。

有这样一些人,我们在交往中须多多注意,要把他们从我们的人脉库里剔除:

(1)得了便宜还卖乖的。这种人的特点是占了你的便宜以后,还说你欠了他的。

(2)无事生非的。这种人的特点是总说不腻别人的闲话,听风就是雨,跟狗仔队差不多。可以想象背过头去,你马上也会成为他的谈资。

(3)当面一套,背后一套的。这种人是最可怕的,他永远不会对你表示出反感,也许某一天你的落魄正是拜他所赐。

(4)言行不一致的。这种人的特点是说得到,做不到。与这种人交往不要抱有期望,他就算给了承诺,也永远不会履行诺言。

（5）嫉妒心特别强的。这种人是埋藏在你身边的"定时炸弹"，起初还好，一旦你表现出了你的优秀和不凡，立刻便会点燃他心中的毒火。与这种人交朋友，等于把自己放在一个极其危险的境地。

（6）易践踏别人自尊心的。这种人其实是最可悲的，他们为了掩饰自己的自卑心理，就拼命地用糟蹋别人的方式来提高自己的自信心。他们几乎永远不会说出赞美的话，言出必伤人。

须知，并不是每个人都是"好人"。把以上这些人从你的人脉库里剔除，是你管理人脉时必须要做的。

## 拒绝无谓的交际应酬，远离"社交强迫症"

一般而言，积极参加社会中的各种交际应酬活动，是一个人拓展、积累人脉资源的有效方法，特别是对一些刚刚步入社会、人际交往范围比较窄的人，作用更加明显。但任何事情都有两面性和限度问题，各种交际应酬活动也有好坏之分，有益的交际应酬固然可以丰厚人脉；但在现实社会中也有很多无谓的交际应酬，参加这样的活动有时不仅不利于人脉资源网络的建设，反而可能对自己的人脉资源网络建设有害。因此，一个人对社会中的各种交际应酬活动要有分辨能力，对无谓的交际应酬应坚决拒绝。

现实生活中，无谓的交际应酬有很多，如婚宴、乔迁、满月、顺风送行、接风洗尘等不一而足，很多原本可以结交更多人的交际应酬活动,也已经蜕变成了吃喝斗酒,而非人际交往的活动;还有的被组织者变成了谋取私利的手段,完全背离了与人交往的目的。参加这样的交际应酬活动,一个人一旦缺乏自律、把持不住,轻则伤害自己的身体健康,重则触犯法律法规而受到法律的制裁。

一个人的精力和时间是有限的,因此应该对别人邀请的交际应酬活动有所选择,对有利于自己人脉资源网络建设的应酬活动要积极参加;同时,要坚决拒绝无谓的交际应酬,以便节省时间和精力,通过其他方式更好地做好与人交往的工作。

生活中,热衷于无谓交际应酬的也大有人在。有的人喜欢"吃请",有的人喜欢"请吃"。他们认为,"吃请"证明自己有人缘、有面子和有身份;而"请吃"证明自己很有号召力、很有影响、很有能力。有人以饭局多自豪,甚至美其名曰:吃得开。

还有些无谓的应酬,通常无非是某个或某些别有用心的人,为谋求一官半职,或者想入围某些小集团的班底,以备遇到问题和困难时可以有一个靠山,而投在位的官员或单位的领导等人所好,有意组织安排的各种交际应酬活动,参加者无非单位内外联系较多、平日相熟之人。如果领导喜欢喝两杯,组织的人就会投其所好而大摆筵宴,大家陪着领导畅饮;如果领导喜欢打麻将,组织的人就找人与领导一起摸八圈,其间通过有意识地放水,使彼此之间心中有数,达到巴结的目的,社会的不良风气由此甚嚣尘上。

其实,被人称为"吃得开"似褒实贬,并不一定就是人脉广,更多的反而会让人联想到酒色的陷阱、权钱的交易，实非有德之人所为。在构建自己的人脉资源网络时，不仅要有意识地清除这样的人，而且更要拒绝参加这类无谓的交际应酬活动。

要想构建自己的人脉资源网络，就要拒绝无谓的交际应酬活动。当然，这个问题在构建人脉资源网络的最初阶段不是特别明显、突出；但随着人的成长和人脉资源网络的丰厚，这个问题将会越来越突出，如果不加以注意或有所放松，不仅会对人脉资源网络的建设造成影响，而且必将阻碍自己争取成功。

过多的交际应酬累死人，不好的交际应酬更害人，因此，自己要把握好交际应酬活动的限度。要把握好交际应酬的限度，就要在与人交往中坚持合而不同、同而不污的原则。所谓合而不同，就是求大同而存小异，保持自己相对的独特性和品格。同而不污的意思是，要坚守做人的道德及国家的政策法规这条底线，在诱惑面前一定要站稳脚跟，不能干的事、不能说的话、不该去的地方，坚决拒绝，保持自己做人的准则，绝不随波逐流。

现代社会，很多人在人际交往中往往做不到拒绝无谓的交际应酬，原因主要是他们中有的人过多地为别人着想，忽视自己的利益；还有的人担心拒绝可能引起对方的不快或触怒对方，从而给自己带来不必要的麻烦。

其实，在与人交往中，拒绝也要讲究技巧和方法，特别要注意的是，千万不要用强硬的语言指责别人，语气尽量委婉。学习、掌握拒绝的方法可以从简单的活动开始，如拒绝别人的饭局，拒绝简单的要求，然后再循序渐进。时间长了就会感到，拒绝也是可以掌控的生活技巧。学习、掌握一些如何拒绝的技巧、方法，往往能有效避免和消除这种疑虑。

拒绝无谓的交际应酬，要有礼貌而且必须坚决。很多人容易犯的毛病就是太优柔寡断，以这样的态度回应别人，会让人觉得事情还有商量的余地。因此如果要拒绝，就要让别人清楚地知道自己不会再改变主意了，但是语气绝不能粗鲁。

拒绝无谓的交际应酬，要抢先一步表达。如果觉得对方将会邀请自己参加聚会，可以在别人说出口之前先告诉别人自己很忙。

拒绝无谓的交际应酬，可先表现出对交际应酬很感兴趣，然后说有其他的任务而实在无能为力，还可以推荐其他的适当人选或者可行想法，一些人会觉得这种被拒绝的方式还不错，至少你也在帮他解决难题。

拒绝无谓的交际应酬，最好先多谢对方想到你，同时说出拒绝的理由。一旦说出理由，则只需重复拒绝，最好不要与对方争辩。

总之，要想构建自己的人脉资源网络，只有把握好拒绝无谓的交际应酬这个原则，不把精力浪费在不值得的人和事情上，才能有时间和精力做好对自己成长、发展有益的事。生活中无谓的交际应酬很多，但一个人的精力和时间是有限的，因此，要充分认识拒绝无谓的交际应酬的重要性，并把握住自己，才能真正建设好自己的人脉资源网络。

## 患难见真情，困难时哪些人会真心帮你

很多时候，我们在需要帮助时没有人拉我们一把，并不是因为我们朋友不够多，而是因为我们和已有朋友的关系不够深厚，也就是说缺少"关键性的关系"。关键性关系是你人脉中最核心的部分，他们和你有着相同的核心价值观，发自内心地希望你获得成功，会给予你真诚的关心和爱护，只要你提出一个请求，他们就会竭尽所能在第一时间帮助你，这就是所谓的关键性关系。上映于1946年的美国经典电影《美好人生》就展示了关键性关系的力量。

电影讲述了主人公乔治·贝利在圣诞夜丧失了对生活的信心，准备自杀。于是，上帝派了一个天使来帮他渡过这个危机。在天使的指引下，乔治看到了如果自己没有来到这个世界，很多人的人生会变得不幸和痛苦。他由此明白了自己生命的价值何在，重新鼓起了生活的勇气。

乔治住在一个名叫贝德福弗斯的小镇，他一直梦想去看看外面的世界，所以他在家族企业中努力工作，希望积攒足够的钱，然后离开这座小镇。可是，当他快要实现这个梦想的时候，不幸的事情发生了——他的父亲过世了。他不得不去继承家业，管理父亲一辈子积累下来的财富和事业，以免落入那位不择手段的竞争对手——可恶的波特先生手中。

从此，乔治的人生航船重新驶入了他当初一再逃避的那个方向。乔治没有离开这座小镇，也没有看到外面的世界。他依然守候在贝

德福弗斯小镇，并且开启了美好的人生。他珍惜并维持与所有朋友的关系，他爱自己美丽的妻子和家人，并努力让整座小镇焕然一新。如果没有那份激情与坚持，他是难以做到这些的。

可是，不幸的事情又发生了。他将一大笔存款给了他的舅舅比利保管，但他舅舅却将这笔存款的消息泄露了，结果钱被偷走了，最终全部落入了可恶的波特先生手中，而且钱被隐藏起来。当乔治听到这个消息时，顿时有点惊慌失措。因为这很有可能会导致公司破产，自己也有可能因诈骗罪而锒铛入狱。面对这一连串的不幸，他却没有像常人那样向亲友求助，而是向他的"敌人"——波特先生求助。

看到这里，你有没有觉得乔治很荒唐？他居然没有直接去找那些认识他、关爱他并且信任他的人，而是去求助于自己敌人，这是不是有点儿不可思议呢？遇到这种情况，你是不是也会这样做呢？其实，通常情况下，自尊心会使我们羞于向那些与我们最亲近的人求助。这是为什么呢？因为我们会感到难为情，甚至觉得很丢脸，我们不想让朋友知道自己的难处。这种保持自尊的愚蠢行为只会让我们表现出虚伪的"自力更生"。事实上，朋友是相互的，需要相互的扶持。

如果我们只是乐意去帮助朋友，而不愿意让朋友也帮助我们，会怎样呢？显然，我们会变成第二个"乔治·贝利"，遇到难处就去求助于那些我们不认识，甚至是背地里捅我们一刀的人。这真是人生的一大谬误啊！

当然，乔治的求助被波特先生拒绝了，只能空手而归。那么，乔治有没有回心转意，去求助于他的那些朋友呢？答案是没有！他开始变得沮丧起来，甚至起了自杀的念头。

也许你会疑惑，事情有这么糟吗？如果你回顾自己的某段艰难岁月，或许就会感同身受，体会到乔治的处境。此时，乔治背靠着墙，心灵笼罩在茫然与恐惧之中，身心疲惫不堪，脑海里除了问题还是问题。整个人就像迷失在珠穆朗玛峰之上，前方似乎无路可走。

此时此刻换作你，你会怎么做？你会求助于谁？如果最近你失业了，或欠了一屁股债，或失去了你最爱的人，或许才会深刻体会到乔治的感受——无助、挫败和焦虑。如果用一个词来概括，那就是绝望。

幸运的是，乔治的妻子玛丽为他四处奔波，向他的那些朋友求助。这些朋友第一时间赶了过来，伸出他们的援助之手。那时，乔治才猛然发现人生中最伟大、最有价值的奥秘之一，即关键性关系的力量。

电影为我们揭示了一个重要的信息——关键性关系是支持你渡过难关的重要法宝。要想知道你的人脉当中谁是你的关键性关系，只需要问自己一个简单的问题："遇到困难时，哪些人会真心地帮助我？"对于关系网里的朋友，应该经常问问自己，认识这些朋友以后，发生了怎样的改变？他们对自己的生活和工作产生了怎样的影响？由此，你才能区分出谁是真正对你有益的朋友，谁是可有可无的朋友。

当你遇到困难时，找个人来帮帮你，但是谨记：不要随随便便找个人来帮你。有些一般性的普通朋友是不会在意你的困难和梦想的，除非这和他们自身的利益有关系。你不需要浪费时间向他们求助，也不需要向他们索取建议。因为一方面他们对你的情况并没有足够的了解，另一方面他们不会设身处地地站在你的角度去看问题。所以，从现在开始留心寻找并培养你的关键性关系，才是拓展人脉关键的事情。